なるほど！ わかる！ よみやすい！

田村正博の
実務警察行政法

田村正博
TAMURA MASAHIRO

東京法令出版

はしがき

　この本は、主に交番で勤務する若い警察官の皆さんのために、職務執行に必要な警察行政法を、できるだけ分かりやすく説明したものです。

　「できるだけ分かりやすく」するために、四つの工夫をしています。

　一つ目は、項目ごとに冒頭にポイントを示した上で、それに沿った内容を書いていることです。すっきり読めることを何よりも大事にしました。注もコラムもありません。

　二つ目は、第１部の各章の終わりに確認質問・発展質問の問だけを書いて、答はすべてウェブ上に置いたことです。二次元コードですぐにアクセスできます。知っておいてほしい裁判例、関連する制度、より理解を深めるものなどは、すべて、ウェブを見てもらうことにしました。

　三つ目は、警察行政法の全体を職務執行に直結する第１部と職務執行を支える第２部とに分けて、内容を大きく変えていることです。第１部は、「職務執行のための警察行政法」について、確認質問・発展質問の解答も用意し、全体として十分な内容になっていると思っています。一方、第２部は、「適正な職務執行の基盤となる警察行政法」について、今どうしても知っておいて欲しいと思える基礎知識だけに内容を絞っています。

　四つ目は、「目で見て分かる」ために図やチャート、表を使い、用語についても、できるだけ分かりやすい表現に努めたことです。

　皆さんにとって、「分かりやすい」「役に立つ」本であることを願っています。ハイブリッド出版ですから、紙の上では変わらなくても、ウェブの上では皆さんの意見や質問によって変えていくことができます。若い皆さんが警察官として成長するのと一緒に、この本も成長するものでありたいと願っています。

　　令和５年９月

京都産業大学教授　田村　正博

本書をお読みになる方のために

1　項目ごとに、最初に数行でポイントを示して、それに沿って横道にそれないように、説明をしています。本文ではごくわずかな例外を除いて、判例の説明はしていません。第1部の記述のもとになっている重要な判例については、確認質問・発展質問解答の中で説明しています。

2　比例原則などの図やチャート、表については、皆さんの理解のための参考として付けています。ただ、チャートや表には書くことが限られているので、それだけでは正確な理解に至らない場合があります。あくまで参考として位置付け、本文をよく読んでください。

3　本書の第1部では、職務執行に必要となる警察行政法について、第1章「職務執行の基本」、第2章「職務質問」、第3章「保護」、第4章「警察官職務執行法のその他の権限」、第5章「車両運転者に対する措置」に分けて、やや詳しく説明しています。第2章から第4章までは警察官職務執行法の説明が中心となりますが、実際に必要となる場面を想定して、第2章では自転車、刃物、旅券等の携帯に関しても説明を加えています。第5章は道路交通法の警察官の現場権限が中心ですが、警察官職務執行法に基づく車両の停止と車両検問についてもここで説明しています。

4　第1部の各章には、確認質問・発展質問を付けています。各章15問（第1章だけは16問）あります。合計76問（本書出版時には5記載の理由で75問）の解答がウェブにありますから、各章の確認質問・発展質問の二次元コードからアクセスしてください。

5　令和4年道路交通法改正法のうち、マイナンバーカードと運転免許証の一体化を可能にする部分は、令和6年度末までに施行することになっています。法改正で変わる部分（免許証の保管に関する二つの規定）については、発展質問への解答で現行法の内容をもとに

解説し、改正法の施行の時点で新たな規定の解答に差し替えること
になります。また、マイナンバーカードを運転免許証に代わるもの
として提示することについては、本書出版時にはない制度ですから、
改正法の施行に際して解答をウェブに追加することになります。

6　第2部「適正な職務執行の基盤となる警察行政法」では、第6章
「警察組織法」、第7章「警察権限法」、第8章「市民側の権利・利
益を保護するための法制度」について、今皆さんが必要な基礎知識
に絞って説明をしています。情報の取得と管理に関することなど、
大事なことでも書いていないことがたくさんあります。将来の警察
幹部をめざすために警察行政法の全体像を学ぶのには、これでは足
りません。次の段階で、私の『全訂警察行政法解説（第三版)』を読
むことを強くお勧めします。

7　本書はハイブリッド出版ですので、ウェブの記載を変えることで
進化することが可能です。読者の皆さんからこういった問で答を書
いて欲しい、あるいはこういった点を説明して欲しいというものが
あって、それが「なるほど」と言えるものであれば、ウェブに新し
い問と答を書くことができます。ぜひご意見をお寄せください。

確認質問・発展質問　解答へのアクセス方法

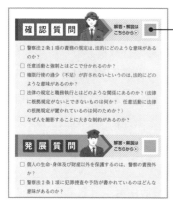

①本書「確認質問」「発展質問」
ページに掲載されている二次元
コードをスマートフォンやタブ
レットで読み取ります。

※「確認質問」「発展質問」ページは、
第1部各章の終わりにあります。

②解答ページが表示されましたら、
調べたい質問の解答ボタンを
タップします。

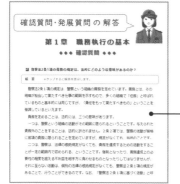

③解答が表示されます。

（文責・編集担当）

AI音声読み上げ機能の使用方法

※本機能の使用には会員登録が必要です。

会員登録はこちら▶

①本書カバーのそでの部分の二次元コードをスマートフォンやタブレットで読み取り、会員ID・パスワードを入力の上、ログインしていただくと、AI音声読み上げ機能専用ページが開きます。

②目次から聴取したい項目を選択すると再生ボタンが表示されます。
※音声は節ごとに分かれています。

③再生ボタンをタップすると音声の読み上げが始まります。

音声はMP3形式です。
音声聴取の際は、イヤホンをお使いいただくなど、周囲へのご配慮をお願いいたします。

(文責・編集担当)

目　　次

第 **1** 部

職務執行のための
警察行政法

第 1 章

職務執行の基本

この章では、職務執行の基本となる考え方を説明した上で、法律に規定のある場合の権限行使と、法律に規定のない職務執行について説明します。

第1節 **職務執行の基本となる考え方**

1 警察の責務と職務執行

POINT

- ●警察は、個人の生命等の保護と公共の安全及び秩序維持を責務としている。
- ●警察官の職務執行は、責務を達成するために、相手方に不利益を与えることを意味する。
- ●職務執行をするからこそ、警察は存在する価値がある。

　警察は、個人の生命・身体及び財産の保護と、公共の安全及び秩序の維持を責務としています（警察法2条1項）。責務とは、組織として、達成すべき責任を負うことを意味します。生命・身体に危害が加えられそうな事態を放置する、違法状態を見過ごす、というのでは、何のために警察があるのか分かりません。警察は、警察法で与えられた責務を達成すべく、努力しなければならないのです。一方、警察は、警察法で与えられた責務を達成するために必要のない行為を行ってはなりません。行政組織はそれぞれが与えられた任務を達成するために設けられているのですから、自らの任務（警察の場合には警察の責務）

を達成するのに必要のない活動を行ってはならないことは、当然のことです。

　警察の仕事の中には、防犯情報を提供したり、様々な相談を聞いたりするようなものもありますし、行き先が分からなくて困っている高齢者を案内してあげるといったこともあるでしょう。しかし、そういう「誰にも負担のかからない」、「誰もイヤな思いをしない」ことだけでは、警察の責務は果たせません。相手方に何らかの不利益（権利自由の制限だけでなく、事実上の不利益や、イヤな思いをさせることを含みます。）を与える警察の活動を「職務執行」といいますが、相手方から反発を受けることがあり得ることを、法律に基づく強制として行い、あるいは説得してイヤイヤでも応じさせて、実現するからこそ、警察は存在する価値があるのです。警察官が制服を着て、手錠と拳銃を携帯しているのは、強制力を行使することがある存在だ、ということを示すものです。相手方が望むことを行う「やさしい」警察だけでは、警察とはいえません。相手方が嫌がることを行う「強い」警察でなければならないのです。

　職務執行には、法律に具体的に規定された権限を行使するもの（権限行使）と、法律に具体的な定めはなく、警察法２条１項の責務を達成するために行われる任意活動（法律に規定のない職務執行）の二つがあります。第２節で権限行使、第３節で法律に規定のない職務執行について解説します。

　なお、犯罪捜査は、刑事訴訟法に定めがあり、多くの解説書があるので、本書では個別の権限に関する説明はしませんが、警察の職務執行として極めて重要なものです。次の２で述べることの多くは、犯罪捜査における権限行使の場合にも当てはまります。

2 職務執行において法的に求められること

 POINT
- 法的に認められた範囲内で、責務の達成のために努めることが求められる。
- 強制には法律の根拠が必要で、法律の規定がないと強制をしてはならない。
- 相手方の正当な権利・自由を尊重しなければならない。
- 必要な範囲を超えた行使、不公平な行使は、乱用であって許されない。

　職権行使の例として、何らかの加害行為が行われる可能性のある場面を考えてみましょう。ある者が他の者に対して害を与えるような行為をする可能性があるので、警察がそれを止めさせようとする場面です。可能性があるといっても、あくまで警察官が見聞きした状況に基づいて判断するものですから、100%そうなるかどうかは分かりません（本当は加害行為をする気はないのかもしれません。）。相手方からすると、警察の職務執行は、自分にとって不利なこと、されたくないことです。一方、被害を受けるかもしれない人からすると、警察の職務執行は、自分を守ってくれるもので、どんどん行って欲しいことです。職務執行を考える場合には、相手方と（潜在的）被害者の双方の立場を見なければなりませんし、警察官がすべてのことが分かっているわけでないことを前提にしなければなりません。

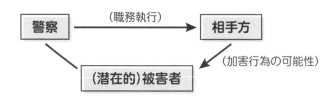

　なお、「（潜在的）被害者」と書いているのは、まだ被害を受けてい

ないが、被害を受ける可能性がある（そうなってしまう可能性がある）ということを表しています。

　そのまま事態を放置すると、実際に加害行為が行われ、被害を受けてしまう可能性があります。ですから、警察官は、相手方に対して、職務執行をして、加害行為が行われないようにすることが必要になります。

　実際にどこまでの措置ができるかは、法律の規定で書かれていることと、一般的な法的限界によって決まります。一般的な法的限界というのは、法律の規定に書かれていないが、法的な考え方として存在している「限界」のことで、第2節及び第3節で説明します。法律の規定としては、例えば、犯罪の制止の場合には、警察官職務執行法5条で具体的な要件が定められています（その内容は、第4章第2節で説明します。）。個人を保護する、この場合では（潜在的）被害者の被害の発生を防ぐという警察の責務を果たすために、法的に認められた範囲内で、警察として努力することが求められます。

　一方で、相手方の正当な権利・自由を尊重しなければなりません。犯罪をする可能性のある者だからといって、その者の正当な権利や自由を無視し、軽視していいわけではありません。警察官は、あくまでも、法律の規定と一般的な法的限界を守らなければならないのです。

　特に、強制をするには、法律の具体的な根拠規定がなければなりません。物理的に相手方を拘束して、犯罪をすることができないようにするのは、相手の意思による行動を制圧するものであり、強制に当たります。犯罪の事前の制止として強制をするのは、警察官職務執行法5条の規定に基づくものでなければならず、その要件を満たしていないと行うことはできないのです。強制をする、つまり個人の権利や自由を制限し、義務を課すのには、法律（地方議会の定めた条例を含みます。）がなければならない、というのが大原則です。

　実際に必要な範囲を超えた職務執行をすることはできません。警察

官が声をかければ止めることが予想されるのに、声もかけないでいき
なり物理的な強制手段を使うのは、必要な範囲を超えた職務執行に
なってしまいます。警棒で十分対処できるのに、拳銃を使うことがあっ
てはなりません。必要な範囲を超えた職権行使をしてはいけないので
す。また、警察官は公正に職務を執行することが求められます。相手
方や（潜在的）被害者のことを個人的に知っているから、そうでない
場合と違う扱いにする（知人に甘くする）のは、不公正な職務執行で
す。政治的な意図で扱いを変えることも当然に許されません。人種に
よって差別をすることが許されないのはいうまでもないことです。

　警察法2条2項は、「警察の活動は、厳格に前項の責務の範囲に限ら
れるべきもの」であるとした上で、その責務の遂行に当たっては「不
偏不党」かつ「公平中正」を旨とし、「日本国憲法の保障する個人の権
利及び自由の干渉にわたる等その権限を濫用する」ことがあってはな
らないと定めています。特定の誰かの利益（又は不利益）になるよう
に意図して職務執行を行ってはならないこと、正当な個人の権利や自
由を尊重しなければならないことを明らかにしたものといえます。も
ちろん、法的な限界を超えたものが許されないということになるので
あって、法律の規定に定めるところに従って、相手方の権利や自由を
制限しても、問題とすべきものではないことは当然のことです。

　なお、警察法2条2項は「濫用」という文字を使っています（警察
官職務執行法1条2項も同じです。）が、今日では法律以外では「乱
用」と表記されるのが多いので、本書でも、説明に当たって乱用とい
う表記にしています。

第2節　法律の規定に基づく権限行使

1　法律の規定に従った権限行使

POINT

● 法律の要件を満たすとき、定められた措置をすることが可能になる。

● 複数の措置があり、いずれも有効であるなら、相手方の不利益の小さい方を選ぶべき。

● 実際に必要性があって、行うことが可能なら、権限を行使すべき。

　法律の規定で権限が定められている場合には、当たり前のことですが、その要件を満たしていれば、その規定で定められた措置を行うことができる、ということが基本です。強制は、定められた措置の中に強制を可能とするものがある場合に限り、行うことができます。例えば、警察官職務執行法4条の避難等の措置や、5条の犯罪の制止は、強制を認めた規定です。一方、2条1項の質問（職務質問）は、停止させる権限を定めていますが、強制を認めた規定ではありません（詳しくは第2章以下で説明します。）。それぞれの規定の要件と措置の内容をしっかりと理解して、権限行使に当たることが必要になります。

　まず、要件を満たすかどうかを判断しなければなりません。例えば、「○○のおそれがある」という要件がある場合には、警察官は、自分だけの思い込みで「そういうおそれがある」と判断するのではなく、周囲の事情などから客観的に「○○のおそれがある」といえるかどうかを判断しなければなりません。

「○○のおそれがある」の判断 ─┌─ ×主観的（個人の思い込み）
　　　　　　　　　　　　　　　　└─ ○客観的（周囲の事情など）

とり得る措置が複数定められている場合には、どの措置をとっても
いいということにはなりません。その事態を解決するのに適切なもの
の中で、相手方の不利益の小さいものを選択することが求められます。
もっとも、実際の場面では、それぞれの措置を順番にとっていくとい
うわけにはいきません。不利益の小さい手段で解決できるかどうか
はっきりしない、というのであれば、相手方に与える不利益がより大
きくても確実に解決できそうな手段を選択することもあって当然です。

　法律で警察官に権限を与えているのは、その要件を満たす状況では、
定められた措置をとることが必要になる、という国会の判断によるも
のです。ですから、要件を満たしていて、実質的にも必要があるとき
には、その権限を行使するべきものです。行使するべき権限を行使し
なかった場合には、その権限不行使が違法とされることもあります。

2　権限の乱用となる場合

> **POINT**
> ●権限は法律の規定の目的に従って行使しなけ
> 　ればならない（権限の目的外使用の禁止）。
> ●不要な行使は禁止される。
> ●実力行使はその事態を解決するのに必要な限
> 　度を超えてはならない。

　法律が警察官に権限を与えているのは、何らかの目的を実現するた
めです。ですから、その目的に従って、つまりその目的を達成するた
めに、権限を行使しなければなりません。「警察の責務達成の目的」
ではなく、もっと具体的な、例えば交通の安全のためとか、個人の生
命等の保護のため、といった目的がそれぞれの規定ごとに決まってい
るので、それを他の目的に使ってはいけないのです。例えば、保護の
ための権限を犯罪捜査の目的に使うことはできません。目的外権限行
使は違法となります。

形式的に法の要件を満たしていても、その事案では、実質的にその権限を使う必要がないという場合には、権限を行使することはできません。実質的に必要性のない権限行使として違法とされます。

権限の行使 ┬ ○ 交通の安全、生命の保護etc.
　　　　　　　　決められた具体的な目的のための使用
　　　　　　 └ × 他の目的のための使用

　また、実力行使に関しては、その事態を解決するのに必要な限度を超えてはならず、不必要な負担を相手方に負わせてはなりません。精神錯乱者等の保護において手錠を使用することは、そうしないと安全確実に保護できない場合に限られます。
　警察官職務執行法1条2項は、「目的のため必要な最小の限度」において用いるべきものであり、乱用（濫用）にわたるようなことがあってはならないことを定めています。法に規定がなくても、常にこのように考えるべきものといえます。

第3節　法律に規定のない職務執行

1　警察の責務達成のための任意活動

POINT
● 法律の規定がなくとも、警察の責務の達成に必要な任意活動が認められる。
● 強制となることは許されない。

　法律の規定がない場合でも、警察の責務の達成に必要な場合には、任意活動としての職務執行をすることが認められます。車両検問、所持品検査、家出をした者の保護、犯罪をするおそれのある者に対する指

導警告といったものが典型です。法律の規定がある場合に、その要件を満たしていないときは、その規定に基づく権限行使をすることはできませんが、法律が禁止していない限り、任意活動としての職務執行をすることは可能です。職務質問の要件を満たしていない者に対する質問（声かけ）、職務質問対象者に対する疑問点をより解明するための警察署への同行要求といったものがその例です。

　一方、強制を行うには、強制を認めた法律（又は条例）の根拠規定がなければなりません。法律の規定にない職務執行は、任意活動として認められるのであって、物理的又は心理的な強制になることは許されません。強制というのは、相手方の意思を制圧して、あるいは相手の意思を無視して、警察官の望む事態を実現することを意味します。手錠をかける、はがいじめにして動けないようにする、拳銃を撃つと告げて従わせる、物を破壊するといったことが典型です。

任　意
・警察の責務の達成に必要な場合
・法律で禁止していない
} 可

強　制　法律（又は条例）の根拠規定がない場合　不可

　なお、説得をする過程で、一時的に軽い実力行使をしたとしても、それが強制になるというわけではありません。自転車の荷台に手を掛けて、一時的にストップさせる程度の場合には、「強制」にはならないのです。

　強制にならない範囲でどこまでのことができるのかは、責務達成上の必要性に応じて異なります。「比例原則」として、次の2で説明します。

2　比例原則（責務達成の必要性が相手方の不利益を上回る範囲）

POINT

- ●責務達成上の必要性が相手方に与える不利益の程度を上回らなければならない。
- ●相手方に与えることのできる不利益の程度の上限は、責務達成上の必要性に比例する。

　警察の職務執行として行うことが可能なのは、責務達成上の必要性が相手方に与える不利益を上回る範囲に限られます。言い換えると、相手方に与えることのできる不利益の程度の上限は、責務達成上の必要性に比例することになります（このため、「比例原則」と呼ばれます。）。

　法律の規定がある場合には、法律を定めた国会（又は条例を定めた地方議会）が、その規定の要件を満たしているときには、その規定で定める措置をとることが比例原則に反しないという判断をしているので、警察官は比例原則を満たすかどうかを判断する必要はありません（要件に該当するなら、原則として、定められた措置をとることができます。）。これに対し、法律の規定のない場合には、職務執行に当たる警察官が、比例原則を満たすかどうかを判断しなければなりません。

　比例原則を図に書くと、次のようになります。

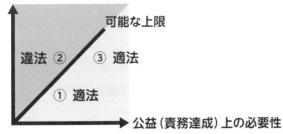

　上に向かって相手方に与える不利益が大きい状態になり、右に向かって公益上の必要性（警察の責務達成上の必要性）が大きい状態になります。相手に与えることができる不利益の上限は、公益上の必要

性に比例しますから、斜めの線で表すことができます。この斜めの線の右下側は、公益上の必要性が上回るので、適法です。一方、斜めの線の左上側は、相手方に与える不利益が上回るので違法です。図に書いた①は右下側ですから適法、②は①と同程度の公益上の必要性なのに相手方に与える不利益の程度がずっと大きいので違法、③は相手方に与える不利益は②と同程度に大きいのですが、公益上の必要性がより大きいので適法ということになります。

　もっとも、公益上の必要性と相手に与える不利益とは別のものですから、比較をするといっても簡単なことではありません。比較の手がかりとして、法律の規定と裁判例とが用いられます。法律に規定がある場合とない場合を比べると、同じ目的であれば、法律に規定のある場合の方が、公益上の必要性が高いのが通例ですから、法律に定められている措置よりは、不利益を与える程度が小さい場合に限られることになります。また、それまでの裁判例でどういったことが適法として認められ、どういったことが違法とされているかを踏まえて、おおむねの共通理解が作られています。ですから、それによって対処することになります。車両検問については第5章第1節、所持品検査については第2章第2節、家出した者の保護に関しては第3章第3節で説明をしていますので、それを見てください。指導警告については、次の3で説明します。

3　指導警告

POINT

●任意活動の一つとして、指導警告をすることができる。

●犯罪行為をしないよう求めるのは常に可能であるが、強い態様には理由が必要。

●危険を避けるように求めるのは、具体的な理由が必要になる。

相手方に何らかの行為をし、あるいはしないように求めることは、一般に「指導」と呼ばれています。違法行為をしないように、あるいは危険な場所から立ち退くように求めるのは、「警告」と呼ばれることもありますが、単に「警告」というと、警察官職務執行法やストーカー規制法で定められたものと混同されてしまう可能性があるので、本書では、指導に当たる場合も、法律に規定されていない警告の場合も含めて、「指導警告」と呼んでおきます。

　「指導警告」は、相手方に対して、何かをするように、又はしないように求めるものです。実際にその行為をするかどうかは、相手方が判断するわけですから、任意活動です。犯罪を含めた違法な行為が行われないようにする、個々人に危険が及ばないようにすることは、警察の責務を達成する上で必要なことですから、責務を達成するための任意活動に該当します。

　もっとも、犯罪を含めた違法な行為をしないように求めるのと、危険を避けるように求めるのでは、意味が少し異なります。というのは、犯罪を含めた違法な行為は、法律によってしてはいけない行為とされているのですから、それをしてはいけないと告げることは全く問題はありません。相手がイヤな思いをしたとしても、警察の言っていることの正当性が揺らぐことはないからです。これに対し、危険を避けるために、行動を変えるというのは、その人にとって本来自由な行為であるのに、それをやめるように求められるものであり、警察官としては本人のためであると信じていても、相手方からすると、迷惑なこと、自分の自主的な行動を阻害するものとされることがあり得ます。18歳未満の未成年者の場合には、十分な判断能力がないので、指導警告をすることができたとしても、成人の場合には、危険性がある程度以上高くなければ、干渉だとされてしまいます。広く注意喚起をするのは別として、危険を避けるために特定の行動を求めるのには、明らかに危ない行動をとっているとか、周囲の状況が危険であるといった、具

体的な理由が求められるものといえます。

　犯罪行為を含めた違法な行為をしないように求めるのは常に可能ですが、どのような指導警告までできるのかは、別に考えなければなりません。刑事手続を開始するほどではないが、犯罪を既に行っている場合であれば、強い態度で指導警告をすることができます。これに対し、本人が具体的に犯罪行為をしそうだという状況があるとはいえない（はっきりしない）のであれば、強圧的にならないようにしなければなりません。強い態様での指導警告には、それをするだけの具体的な理由が必要なのです。

相手方に対して「何かをするように」「何かをしないように」求める
＝
指導警告

危険を避けるように求める場合
強い態様で行う場合　　　　　　}には、具体的な理由が必要

4　写真の撮影

POINT

●人の撮影は、正当かつ具体的な理由がなければ行うことはできない。

●現行犯状態の場合は、人を含めて撮影することができる。

●公道上の車を写すのは、警察の責務達成上必要であれば、法的に特別の問題は生じない。

　個人の私生活上の自由の一つとして、「みだりに容貌等（顔のほか、姿かたちも含まれます。）を公的機関に撮影されない自由」が認められています（この自由が存在することを最高裁判所が明らかにしてい

す。）。

　「みだりに」撮影することは許されないのですが、現行犯状態の場合
（現に犯罪が行われ、又は行われて間がないと認められる場合）には、
人の容貌等を含めて写すことができます。犯罪をしている人間だけで
なく、周りの人が写ってしまっても違法となるわけではありません。

　そのほか、捜査過程において対象者を撮影した場合（犯人としての
疑いを持つ合理的理由があって、犯人特定の証拠を収集するためにそ
の者を撮影したもの）が適法として認められています。防犯カメラの
ように、防犯目的である場所を警察が連続的に撮影することについて
は、必要性の高い場所で、防犯カメラで撮影していることを表示し、短
期間に消去することを前提に、認められる扱いになっています。

　人に対象を定めて撮影するのには、正当かつ具体的な理由がなけれ
ばならない、と考えておくことが一般的に求められるといえます。ま
た、パトカーに搭載されたビデオカメラで録画することについては、捜
査上必要な画像以外は早期に抹消されることなど、管理上の決まりを
厳重に守ることが特に求められるものであることを補足しておきます。

　人を撮影することに関して厳格な制約があることはここまで述べて
きたとおりですが、他の場合についてはどうでしょうか。一般的にい
えば、人を写すもの以外は、明確な制限はありません。外から容易に
見えない場所を写す場合には問題になり得ることもあるでしょうが、
例えば公道上の車を写すのであれば、違法な状態にある場合はもちろ
ん、そうでなくても、警察の責務達成上必要であれば、法的に特段の
問題はないと考えられます。

確 認 質 問

解答・解説は
こちらから ▶

- [ ] 警察法2条1項の責務の規定は、法的にどのような意味があるのか？
- [ ] 任意活動と強制とはどこで分かれるのか？
- [ ] 権限行使の過少（不足）が許されないというのは、法的にどのような意味があるのか？
- [ ] 法律の規定と職務執行とはどのような関係にあるのか？（法律に根拠規定がないとできないものは何か？　任意活動に法律の根拠規定が置かれているのは何のためか？）
- [ ] なぜ人を撮影することに大きな制約があるのか？

発 展 質 問

解答・解説は
こちらから ▶

- [ ] 個人の生命・身体及び財産以外を保護するのは、警察の責務外か？
- [ ] 警察法2条1項に犯罪捜査や予防が書かれているのはどんな意味があるのか？
- [ ] 過去の裁判例で、権限行使の過少（不足）が違法とされたのは、どのような場合か？
- [ ] 外国人を日本人と区別して扱うのは、平等原則に反することになるか？
- [ ] 比例原則は、法律の根拠規定がある場合とない場合とで意味が異なるのか？
- [ ] 法律に規定のない場合、強制に近いものには特別の制約がある

のか？

□ 「強制には法律の根拠を要する」という大原則には例外はない
のか？

□ 権限乱用が警察の場合に特に問題となる理由は何か？

□ 相手の同意を得ない写真撮影は個人の自由の制限であり、強制
ではないのか？

□ 現行犯であれば、撮影するのにそれ以外の要件はないのか？

□ 「個人情報だ」（回答すると法律に違反する）として回答を拒ま
れた（防犯カメラ画像の提供を断られた）ときは、どう言えば
いいか？

第2章

職務質問

この章では、警察官職務執行法2条に定める質問（職務質問）について説明します。職務質問に際して関係することの多い、自転車に関する規制と警察官の権限、刃物に対する規制と警察官の権限などについても、この章で説明をしておきます。

なお、車両の停止に関すること（職務質問としての車両の停止と車両検問）については、第5章第1節で説明をします。

第1節　職務質問の意味と対象

1　職務質問の意味と目的

●職務質問は、犯罪の捜査と予防のために非常に重要な手段である。

●任意活動であるが、説得し、立ち去るのを防ぐ上で不利益を及ぼすことが認められる。

●法の要件を満たしていない職務質問（声かけ）と混同しないように注意することが必要。

警察官職務執行法は、2条で、警察官の質問の権限を定めています。警察の中では、「職務質問」と呼ぶのが一般的ですので、本書でも職務質問と表記することにします。

職務質問の規定が設けられているのは、犯罪の予防及び捜査のために、不審点を追及する必要性の高い相手方に対して、警察官に停止、質問の権限を与えたものであり、要件を満たしたときには、その場にとどまって質問に応ずるように強く説得することができることとしたも

のです。強く説得することのできる対象をはっきりさせることにより、行き過ぎとなることを防ぎつつ、警察官が自信をもって職務執行に当たることができるようにし、公共の安全と秩序の維持ができるようにした規定だといえます。

　職務質問は、犯罪の予防及び捜査のために認められた権限であり、検挙を目的としないものも法的にはあり得ますが、実務の上では、犯罪をした者の発見検挙を目指して行われるのが通常です。職務質問による被疑者の検挙（職務質問を契機として、犯人の逮捕等につなげること）は、制服警察官にとって最も意義のある仕事の一つです。職務質問は、警ら中に、何らかの犯罪を行った可能性のある不審者を発見して行われることが大半ですが、事件発生後の緊急配備など、容疑対象となる事件を特定して行われる場合もあります。職務質問の結果、具体的な犯罪容疑の可能性が高いことが分かったときは、取調べ、逮捕などの刑事訴訟法の定める捜査手続に移行することになります。まだ犯罪に着手していなかった段階で職務質問を行った場合のように、検挙に結び付かなかったとしても、警察官が職務質問をすることで、次の犯罪の発生を抑制することにもつながります。職務質問は、警察の犯罪捜査及び予防において、非常に重要な手段であるといえます。日本における治安の良さ、具体的にいえば、窃盗事件や違法薬物使用者が少なく、刃物を持って歩く人間も少ないという状態には、職務質問が大きく貢献しています。公共の安全と秩序の維持という警察の責務を達成するために、この権限を積極的に行使することが必要なのです。

　警察官職務執行法2条の要件を満たした者は、犯罪の捜査及び予防の観点から、警察官が質問をする必要性の高い対象です。職務質問は強制ではありませんから、身柄を拘束したり、連行したり、答えることを強要することはできません（3項に明記されていますが、当然のことです。）。しかし、全く相手方の行動を抑制しないようなものとも異なります。警察官は相手方に、その場にとどまって警察官の質問に

答えるように強く説得することができます。相手方がイヤだと言ったとしても、応ずるように説得を継続し、不審点の解明に努めることが警察官の仕事であり、説得の一環として、立ち去ろうとする者の前に立ちふさがる、自転車の荷台を押さえて一時的にその場にとどめるといった、軽度の実力行使を行うことも認められています。さらに、規定はありませんが、所持品検査に応ずるように求め、外側から触るといったこともできます。相手方にそういった不利益を及ぼすことができる手段なのです。

　一方、法の要件を満たしていない場合には、それだけの高い必要性があるとはいえないので、相手が承諾をする範囲でしか行うことはできず、軽度の実力行使も原則として行うことはできません。実務では、どちらも「職務質問」と呼ばれることがありますが、法の要件を満たしたものと、そうでないいわゆる声かけとは、法的に全く異なるものですから、混同することがないように特に注意してください。

職務質問	≠	声かけ
警職法2条の要件を満たした者	対象	警職法2条の要件を満たしていない者
軽度なものに限り可	実行行使	原則不可

2　不審者

POINT

●何らかの犯罪を犯し、又は犯そうとしていると疑うに足りる相当の理由のある者が対象。

●「何らかの犯罪」であり、犯罪を具体的に特定している必要はない。

●「相当の理由」は、一応の客観的合理性があると認められるという意味である。

●異常な挙動その他周囲の事情から合理的に判断しなければならない。

●事前情報や現場で調べて分かった情報を踏まえて判断することができる。

　職務質問の対象として、法は、不審者の場合と参考人的立場の者の場合とを定めていますが、実際の職務質問のほとんどが不審者の場合です。法律の規定では、「不審者」という用語は使っていません。警察官職務執行法では、「何らかの犯罪」を「犯し」又は「犯そうとしている」と「疑うに足りる相当の理由のある者」として表現しています。

　既に犯罪を犯したと疑われる者、これから犯罪を犯そうとしていると疑われる者の双方が対象ですが、どちらか分からなくても、「どちらかには当たるだろう」といえるのであれば対象に含まれます。

　「何らかの犯罪」というのは、犯罪となることをした又はしようとしていると判断できればそれでよく、具体的に特定している必要はない、ということです。犯罪の日時や場所は分からないが物を盗んだのではないか、何か禁制品を所持しているのではないか、対象は分からないが誰かをケガさせたのではないか、どんな犯罪かは分からないが何か犯罪をしたのではないか、ということが分かればよいということを意味します。もちろん、犯罪が特定されている場合も含まれます。強盗事件で緊急配備があったときに手配された人相着衣に似た人間に対し

て行う職務質問は、その強盗事件を前提としています。

　「疑うに足りる相当の理由」があるというのは、犯罪を犯し、又は犯そうとしていると、疑うことに一応の客観的合理性があると認められることを意味します。犯人の逮捕のような場合とは異なり、具体的な疑いはなくていいのは当然のことですが、警察官の主観的な思い込みで「疑わしい」と判断しただけでは、それに当たりません。

　上記の判断は、「異常な挙動その他の事情から合理的に判断」しなければなりません。異常な挙動というのは、その者の態度、着衣、携行物等が、犯罪とは関係のない場合の通常の状態でなくなっていて、「怪しい」と思われることを意味します。人目につかない場所に隠れるようにしている、血の跡が付いているといった場合が典型です。警察官を見て逃げようとする行為も当たります。

異常な挙動その他の事情

から合理的に判断し

何らかの犯罪を犯し又は犯したと疑うに足りる相当な理由

がある場合

➡

不審者と判断！

　異常な挙動に当たるかどうかは、場所や時間帯によっても異なってきます。通常の場所であれば全く不審な行動ではなくても、厳重に出入りを規制された場所の付近に居る場合には、この要件を満たすこともあり得るということになります。

　一般人が見て不審とはいえない状態でも、警察官の専門的な知識や経験、事前に伝えられた情報、その場で警察官が調べて得た情報などを基にして、該当すると判断することができる場合は当然にあります。客観的な判断といっても、誰が見てもそう判断できるという場合には

限られません。緊急配備や手配があって、逃走犯人の人相着衣に似ている場合に、この要件が満たされるのは当然のことです。被疑者の使用車両あるいは盗難車両として手配されている車両に乗車している、違法薬物の売買が多く行われる地域の付近で同じ場所付近を行ったり来たりしている、以前に盗難品を売った者がまた同種の物を売りに来た、110番通報を受けて臨場した現場で被害者がその者を容疑者として指し示した、ナンバープレートと自動車登録情報が一致していない車両に乗り込もうとした、などの事例で、要件に該当するものとされています。

3　参考人的立場の者

POINT
● 「既に行われた犯罪」又は「犯罪が行われようとしていること」について知っていると認められる者が対象。

　警察官職務執行法では、「既に行われた犯罪」又は「犯罪が行われようとしていること」について知っていると認められる者に対して、不審者に対するのと同様に、職務質問をすることができることを定めています。合理的、客観的に判断しなければならないのは、不審者の場合と同じです。

　犯罪の被害者や現場付近に居る者も対象になりますが、警察に積極的に協力する者の場合には、実質的に本条を適用する必要性は生じません。犯人側に近い立場の者（グループの一員である者）の場合や、捜査への協力を拒否して立ち去ろうとする者に対する場合などで、本条により、その場所にとどめて、説得をして、情報の提供を得るようにすることが考えられます。

4 警職法の要件を満たさない者への質問（声かけ）

POINT

● 警職法の要件を満たしていない者への質問自体は全くの任意として可能。

● 応答などの中で、不審な点が浮かび、法の要件を満たした場合は法に基づくものに移行。

● 法の要件を満たしてない段階では、第2節で述べる措置をとることはできない。

　警察官職務執行法の質問（職務質問）は、2と3で述べた対象者に対してのみ行うことができます。しかし、実際のところは、最初からこの要件を満たしている場合は多くありません。警察官が何となく怪（あや）しそうだと思えた者に対して、声をかけ、応答などのやりとりの中で、不審点が浮かび、途中から警察官職務執行法の要件を満たすようになって、法に基づく職務質問として行われるようになる、という場合が多くあります。以下では、要件を満たさない質問（声かけ）について説明します。

　第1章第3節で述べたように、警察は、警察法2条1項の責務を達成するために、任意活動をすることができます。犯罪の予防及び捜査の観点から、質問をする必要性が高い場合が警察官職務執行法2条で規定されていますが、それ以外の場合における質問を禁止する趣旨ではありません。ですから、相手の任意の応答を期待して質問（声かけ）をすることは当然にできます。警察官が警戒活動や防犯指導の一環として声をかけることも問題はありません。

　犯罪者がとることのある行動と同様の行動をとっていたとしても、それだけでは「疑うに足りる相当な理由がある」とまではいえないでしょうが、その中には実際に犯罪者である場合もあるので、声をかけていくことは犯罪の予防につながりますし、場合によっては検挙につながることもあり得ます。特に、犯罪の発生状況等によっては、より

必要性・有用性が高いときもあるでしょう。

職務質問 ≠ 声かけ

	対　象	
警職法2条の要件を満たした者		警職法2条の要件を満たしていない者
軽度なものに限り可	実行行使	原則不可

要件を満たしていなくても、警戒活動や防犯指導の一環として声かけすることはOK

　声をかけた相手方の反応や応答によって、その後の行動は異なってきます。特に問題なく協力を得ることができ、説明も特に疑われるような状況がないときには、協力に感謝しつつ質問を終了することになります。これに対し、警察官の質問を逃れようとして、不審な行動をとっているときや、応答に不審な事柄が含まれてくるときは、他の状況と合わせて、前記の2の不審者に該当するようになるときもあるでしょう。質問の過程で何らかの法律違反が分かったときも、他の犯罪行為もしている可能性を考える上で参考となってきます。2で述べた不審者に当たることになった後は、法律に基づく質問に移行することになります。

　法の要件を満たしていない段階での質問（声かけ）の警察の責務達成上の必要性の程度は、状況に応じて異なりますが、法の要件を満たした場合ほど大きくはありません。第2節で述べるような相手方にかなりの負担を負わせるような実力行使を伴う説得などは行うことはできません。比例原則に照らすと、以下の図のようになります。

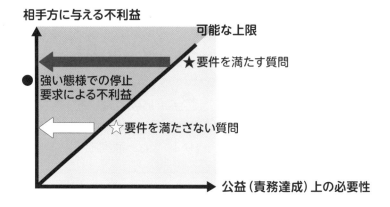

相手方に与える不利益

可能な上限

★要件を満たす質問

● 強い態様での停止
要求による不利益

☆要件を満たさない質問

公益（責務達成）上の必要性

　要件を満たす質問の場合は、公益（責務達成）上の必要性が大きい
ので、強い態様での停止要求による相手方の不利益の程度が可能な上
限の下側であるのに対して、要件を満たさない質問の場合は、公益上
の必要性がそこまで大きくなく、強い態様での停止要求による不利益
は可能な上限より上回ってしまっています。要件を満たさない場合は、
第2節で述べる停止のための実力行使等の措置をとることは原則とし
てできないと認識すべきものといえます。

第2節　職務質問の実施

1　停　止

POINT

● 停止を求め、立ち去ろうとするのを止めるために、軽度の実力行使ができる。

● 実力行使はやむを得ない場合に行うもので、いきなり行ってはならない。

● 動けなくするような実力行使や心理的強制はできない。

警察官職務執行法の要件を満たしている場合には、質問をする必要

性が大きいのですから、相手方が徒歩、自転車その他の車両で移動しているときは、質問をするために、まず停止させなければなりません。

　停止命令権や強制としての物理的停止権限までは認められていませんから、最終的には本人の意思でその場にとどまってもらわなければなりませんが、相手方が応じないなら仕方がないとして放置するわけにはいきません。説得のために、止まるように強く求め、色々と手を尽くして、相手方に応じるしかないとしぶしぶでも思わせることが大事です。停止の求めに応じないときは、そのまま付いていって止まるように更に強く声をかけ続ける、それでも応じないときは前に立ちふさがって歩くことを妨害する、服や体の一部を軽くつかむ、自転車の荷台に手をかける、といった軽度の一時的な実力行使をするところまで認められています。いったん止まった後に、立ち去ろうとするときも同様です。

　もっとも、これらの実力行使は、やむを得ない場合に行うもので、最初からいきなり行うことはできません。声による説得が基本であって、相手方がそれに応じず、継続的に質問をする必要性がより高まる中で、一時的に行うことができるのにとどまります。いきなり手をかけるといった方法によることはできないのです。

　言葉による説得は、例えば「なぜ逃げる、逃げると一層怪しまれるぞ」といったものが基本的に想定されます。「逃げると逮捕するぞ」とか「逃げると撃つぞ」というのは、心理的な強制になってしまいますから許されません。

　逃げ出した者を追跡するのは当然可能ですが、追いついた後に、物理的に動けないように押さえつけてしまうと、限度を超えた実力行使になってしまいます。逃げられないようにしなければいけない、という気持ちは分かりますが、法律上はあくまでも任意なのですから、羽交い締めにして動けなくするといった物理的な制圧をすることはできないのです。「首に腕を回して引き倒し、取り押さえる」、「複数の警察

官で体に触れてパトカーの中に押し込め確保する」といった行為が違法とされています。

　なお、これまで、「背後から両肩をつかむ」、「向かい合って両方のえりをつかむ」、「胸元をつかんで歩道に押し上げる」、「ベルトをつかんで停止させ、移動する」、「手首や肩を持って床に伏せさせる」といった行為が適法とされた例がありますが、これらは、任意とはいっても、相当大きな不利益を課すものですから、具体的な事情、つまりその事案でそこまでしなければならない必要性の高さ（事案の重大性・危険性や、職務質問対象者の安全の確保・交通妨害の防止を含みます。）があり、そこに至るまでの経緯に納得できるものがあって、初めて認められたものです。いつもできると考えてはいけません。

　必要性の高さにつながる事情としては、盗難品の疑いがある物や犯罪に使われていた物、薬物取引の疑いが持たれている場所のように、犯罪との具体的な関わりが想定されている場合や、何らかの違法行為をしたことがはっきりしている場合、警察官が対象者から攻撃を受けた場合などがあります。

2　質　問

POINT

●質問は不審点・疑問を解明するものであり、供述拒否権の告知を要しない。

●質問をし、答えるように説得することができるが、答えることを強要することはできない。

●他の者の妨害の排除や本人による物の投棄等を止めるための実力行使が認められる。

●質問の継続には時間的な限界がある。

　不審者に対する質問は、「何らかの犯罪を犯し」又は「犯そうとしている」と疑うに足りる相当な理由のある者に対して、問を発して、必

要なことを聞き出そうとするものです。疑う理由があるので、その疑いに関して聞くことが中心となりますが、関連して、相手方の人定事項（氏名・住所・年齢／生年月日）やその場に居る理由、行き先、所持品の有無又はその内容などについて聞いていくことになります。質問の過程で、運転免許証などを一時的に預かり、見て確認することがあります。質問中に返すように求められた場合、直ちに返還をしないといけないというわけではなく、一時的に預かった状態のままで質問を継続することも認められています。もちろん質問が終われば返さないといけないのは当然のことですから、「質問に答えるまで返さない」といった発言をすると違法になります。

　停止や質問は警察官の権限行使として行われ、相手方に不利益を与えるものですから、停止を求めたり、質問をしたりするに当たって、相手方にこちら側が警察官であることを認識できるようにしておくことが必要になります。制服警察官の場合には、制服によって警察官であることが分かるので、求められたとしても、警察手帳を示したり、官職氏名を名乗ったりする必要はありません。市民応接の観点から組織内で指導や決まりがあったりしたとしても、警察官職務執行法の権限行使の適法性に影響を与えるものではありません。

　聞く内容が不審点・疑問を解明するものであり、刑事訴訟法の被疑者の取調べとは異なりますから、犯罪を特定していない場合はもちろん、緊急配備のように特定の犯罪を前提として質問をする場合であっても、供述拒否権の告知をする必要はありません。

　質問への答えに矛盾点があるときに追及するのは当然ですし、答えてもらえない場合には、答えるように説得することになります。徹底した質問、追及をしてこそ、法に基づく質問権限の行使であるといえます。相手方がイヤがったとしても、その場に居させて、質問・追及を継続することができます。相手方がその場から離れようとするのを阻止することは、1で説明したように行うことができます。状況に応

じて、説得を強い調子で行うことも、極端に威圧的になったりしなければ認められます。

　ただし、答えるように強制することはできません。答弁を強要してはならないことが３項に定められています。停止を求める場合と異なり、話をするように説得のための実力行使をすることも認められません。相手方が追及を受けてこれ以上ウソがつけない、あるいは根負けして話さざるを得ない、と判断するようにすることが想定されているのです。

　質問の一環として、所持品や体の一部を見せるように求める場合があります。相手方がそれに応じた場合には特別の事情がなければ違法となることはありません。薬物の使用が疑われる場合に、注射痕の有無を確認するために、袖を上げるように求めることは通常行われることです。説得をしても求めに応じない場合に、服の袖を上げて腕を見る程度のことは、強制には当たらないので、具体的な必要性が高い場合には、違法にはならないと考えられます（次項の所持品検査についての説明を参照してください。）。

　質問を行うに当たって、相手方の関係者などが妨害をする場合には、質問対象者に対する説得の一環として、他の者の妨害を排除することができます。妨害の排除に当たっては、必要な範囲で、軽度の実力行使をすることも認められます。

　質問対象者が所持品を投げ捨てたり、こわしたり、隠したり、飲み込んだりしようとした場合に、それを止めることは、質問に付随する行為として認められます。特に飲み込もうとする場合には、その者の身体の安全にも影響が及ぶものですから、放置することはできません。実力行使としてどこまで認められるかは、必要性の程度や緊急性に応じて異なりますが、止める上での最小限必要なことまでは認められることが多いものといえます。もっとも、可能となるのは、所持品を投げ捨てたり、こわしたり、隠したり、飲み込んだりしようとするのを

止めるところまでであり、それを超えて所持品を警察官が無理やり取り上げることは認められません。それらを含めて、所持品検査については、次の項で説明します。

　質問や次の項で述べる所持品検査によって不審点や疑問を調べていく、その際相手方が応じなければ応じるように説得するのが職務質問であることは、これまで繰り返し説明してきました。その時間は通常であれば、数十分程度であることが一般的に想定されます。事案によっては、それを超える場合もあるでしょうが、いつまでも続けることができるわけではありません。説得にも限界があるからです。質問や所持品検査とそのための説得を一通り終わった段階で、捜査に移行するか、打ち切るかの判断をしなければならないのです。

3　所持品検査

- ●所持品検査は、相手方の承諾を得て行うのが原則である。
- ●承諾がなくても行うことができるのは、外から触るといった程度が一般的。
- ●バッグの中を見ることは、強制に近く、高い必要性がある場合に限られる。
- ●承諾なしにバッグやポケットの中から物を取り出すのは違法になる。

　相手方の所持品を調べることを「所持品検査」といいます。持っている物を警察官に提出するように求め、提出を受けて警察官が見る、あるいはよく見えるように警察官に見せることを求めるといった行為です。承諾を得て、警察官が物を開けて中身を調べることも含まれます。何を持っているかを聞くのは、2で述べた質問に含まれます。

　所持品検査について、警察官職務執行法に規定はありませんが、質

第2章　職務質問

問と密接に関連し、職務質問の効果をあげる上で、必要性、有効性の
ある手法であって、職務質問に付随する行為として認められています。
職務質問の要件を満たしている場合には、不審点解明のために所持品
を調べる必要性があれば、承諾を得るために、説得を行うことができ
ます。

　所持品検査は、相手方の承諾を得て行うのが原則です。承諾が得ら
れていれば、違法となることは通常はありません。説得によってしぶ
しぶ承諾した場合でも、適法であるのは当然のことです。例外となる
のは、相手方を物理的に制圧するなど強制をして諦めさせて承諾させ
たとか、捜索差押許可状の範囲外であるのに「捜索をするぞ」と告げ
て相手方に応じさせたとか、数時間にわたってその場から出ることが
できない状態に置いていて承諾するよう迫ったといった場合に限られ
ます。そのほか、意思に反して連行された後で「勝手にさがせ」とい
う発言があったことについて、それまでの状況から承諾があったとは
認められないとされた例もあります。また、自動車内を徹底して検査
するなど、行為の態様として捜索と実質的に同様なことをするのは、あ
いまいな承諾ではそこまでの行為を認めていたとはされないこともあ
ります。

　一方、承諾が得られていない場合には、具体的な必要性、つまり相
手方が危険物や盗品あるいは違法薬物、犯罪を実行するための道具な
どを持っていることがうかがわれる事情がある場合に、相手方へのプ
ライバシー侵害の程度が低い範囲に限って認められるのが通常です。
所持品、着衣の外側から軽く手を触れる行為がその典型です。もっと
も、危険物等を持っていることが疑われる事情もなく、携帯電話や財
布などの提示を受けていて、盗品所持等をうかがわせる具体的な事情
もないような場合に、さらに胸のあたりを触ったことについて、所持
品検査の必要性が高くなかったとして、違法とされた例もあります。相
手の承諾のない行動には、それだけの具体的な必要性が求められるこ

とを前提としなければなりません。

原則 … 相手方の承諾
※強制して承諾させるのは違法

承諾が得られていない場合

具体的な必要性があり、相手方のプライバシー侵害の程度が低い範囲に限って認められる（外側から軽く手を触れる程度）。

　承諾が得られていないのに、バッグを開けて中の内容物を確認する行為は、強制に近い行為であり、認められるのは高度の必要性がある場合に限られます。代表的な事例とされる米子銀行事件最高裁判決は、適法となるための要件として、①適法な職務質問に付随し、実施する上で必要であること、②捜索にならないこと、③強制にならないこと、④公益上の必要性が相手方の不利益を上回ること、⑤社会通念上相当であること、を挙げています。この判例の事件では、凶器使用銀行強盗事件犯人の疑いが強い者を発見し、質問をしたのに黙秘し、バッグを開けるよう求めたのに拒否をし続けていた状態で、バッグのチャックを開けて中を見たことを適法としたものです。実際にバッグの中には強奪された現金が入っていました。必要性が極めて高い事案であり、またバッグをいきなり開けたのではなく、どうみてもやむを得ないといえる状況であって、経緯からも相当だといえるものであったといえます。一方、この事件で、カギのかかったアタッシュケースをこじ開けたことについては、強制に当たるので、所持品検査として認められてはいません。

　類似のものとしては、火炎ビンを使用する過激な事件が起きている中で、バッグにタオルが載っていてその下にビンの一部が見えているときに、タオルをはねのけてその下を見た行為が適法とされています。また、覚醒剤の影響と思われる異常な言動をしている者のバッグのポ

ケットから注射器がのぞいていたので、その注射器を抜き取り、ホックが外れていた上蓋をあけてバッグの中を見た行為についても、認められています。いずれも、危険物や規制薬物の存在が非常に強く推測できる状態であって、簡単に動かせるものを動かしたり、開けたりして中を少し見たという程度であったことから、そこに至る状況も踏まえて、適法とされたものです。これに対し、集会への危険物の持ち込み防止のための検問中の機動隊員がナップサックを開けて内部を点検した行為については、危険物等を所持している合理的な疑いがないのになされた実力行使として、違法とされています。認められるのは、あくまで例外的なものだと考えなければなりません。

これに対して、所持品や着衣に手を差し入れ、その中にある物を取り出す行為については、捜索に近い行為であり、承諾がない限り違法とされます。覚醒剤の所持の濃い疑いがあり、所持品を検査する必要性、緊急性があった事案でも、認められていません。刃物の一部が見えている、外から触って分かるなど、凶器や危険物を持っている可能性が非常に高い場合に、凶器や危険物による危害を防ぐために、それを取り出すといったものに限って、認められることがあるのにとどまります。

なお、2で述べたように、投げ捨てたり、飲み込もうとしたりする行為を制止することはできますが、それは所持品検査として認められたものではありません。制止した上で、その物を見せるように改めて求めなければなりません。捨てようとする手を外からつかんで止めるのはできますが、その手をこじ開けて中の物を取り出すのは、承諾のない物の取り出しであり、違法とされます。

4　同行要求（任意同行）

- ●同行要求とは、質問するために、相手方に警察署等への同行を求めることを意味する。
- ●その場で質問することが本人に不利であるときと交通の妨害となるときについて法律で規定。
- ●質問を効果的に行うための同行要求は、法に規定はないが可能である。
- ●説得の上で軽度な実力行使が限られた範囲で認められるのにとどまり、連行はできない。

　警察官職務執行法2条2項では、1項の停止・質問に続いて、同行要求について定めています。同行要求とは、職務質問の要件を満たしている者に対して、近くの警察署等に、警察官と同行することを求めることを意味します。この要求に応じて、質問の対象者が警察署等に行くことは任意同行と呼ばれています。本人の承諾を得てパトカー等の車両に乗せ、警察官が同乗して警察署に行くことが一般ですが、徒歩で一緒に近くの交番（法律上は派出所）や駐在所に行くことも含まれます。

　同行するように警察官として相手方に求めることが権限として定められているのであって、同行させることが認められているわけではありません。相手方に応ずるように説得することができ、しぶしぶでも同意すれば適法に同行することができます。

　この規定に基づく同行要求が可能なのは、「その場で前項の質問をすることが本人に対して不利」であると認められる場合と、「交通の妨害になる」と認められる場合です。その場で質問をすることが本人に不利であるというのは、雨や風が強いとか、暑さ寒さが厳しいといった天候上の理由から、質問の受け答えのために屋外で立ち止まっているのがつらい状態なときが一つの典型です。もう一つの典型は、周りに

人が居て、そこで色々と警察官に聞かれているところを見られるのが、本人にとって恥ずかしい、とか名誉が損なわれかねないような状態です。本人がそう言わなくても、通常なら本人にとって不利だと警察官が判断できる状態であれば、要件に該当します。交通の妨害になるときについては、警察官であれば当然に判断できることです。

　質問を効果的に行うための同行要求は法律上規定されていません。しかし、この規定は、他の理由による同行要求を禁止しているわけではなく、職務質問に付随する行為として、同行を求めること自体は可能です。もっとも、同行要求の規定の対象外であるということを軽視してはいけません。何らかの犯罪の容疑が深まった段階での同行要求はそれだけ必要性が高いといえますが、そうでないときは、法律の規定にある場合ほどの必要性があるといえないため、同行要求に際しての相手方への不利益の程度が高いと違法とされやすい、ということを十分に認識しなければなりません。

法の規定によるもの	●その場での質問が本人に不利な場合 ●交通の妨害になる場合
法の規定によらないもの	●質問を効果的に行うため、必要な場合 （法の規定がある場合に比べて、高い必要性が求められる）

　同行要求に応ずるように求め、相手方が拒む場合には、説得をすることで対処することになります。3項で、連行をしてはいけないことが明記されています。

　その場から逃れようとする場合には、1で述べたように説得に必要な限度でその場に居るように軽度な実力行使をすることが認められます。軽度の実力の行使は、その場に居て説得を受けるようにさせるためのものであり、実力で同行させることはできません。認められるのは、何らかの違反があったことがはっきりしていたり、具体的な容疑

が深い場合に、軽く肩を押すとか、両脇に付き添って同行する程度です。物理的な力を使って車に押し込むようなことはできません。両脇から抱えてパトカーに乗せる行為や、ベルトなどをつかんでパトカーに押し込む行為、抵抗する者の体を押して車両に乗せる行為、服やベルトをつかんで同行する行為などはすべて違法とされています。

5 職務質問の終了と捜査手続への移行

- 当初の不審点が解消・軽減し、新たな不審点も生じなければ、質問を継続できない。
- 不審点が解消しなくても、説得を含めて長時間にわたることはできない。
- 具体的な容疑が深まった後は、捜査手続に移行する。
- 逮捕した際には、凶器発見のための身体捜検を強制として行うことができる。

　法に基づく職務質問は、何らかの不審点がある者を対象に行われるものが多くを占めます。質問や所持品検査を通じて、その不審点が解消又は軽減し、その間に新たな不審点が生じていなければ、質問を継続する要件を欠くことになりますから、法に基づく質問を継続することはできません。

　一方、質問への十分な回答が得られず、所持品検査に応じないときには、追及的な質問をし、あるいは所持品検査に応ずるように説得することになりますが、それにも時間的な限度があります。状況にもよりますが、特別な事情がなければ、数十分ほどたてば、それ以上の負担を相手方に負わせるのは難しくなります。所持品検査や同行要求に応じるように数時間にわたって説得を継続していた事案は、多くの場合、違法とされています。

このため、薬物の所持等が疑われるとき、その他所持携帯している物に重要な証拠物が存在することが具体的に予想されるときには、刑事訴訟法に基づく捜索差押許可状の発付を受けて、強制処分としての捜索をすることで対処すべきものになります。捜索差押許可状を請求した後、その場に留め置くことについては、相手方の自由を完全に奪うようなことはできませんが、捜査に伴う処分として、ある程度の期間可能であるとされています。

　質問や所持品検査の結果、その者が犯罪を行ったことが明らかになったときは、逮捕を含めた捜査手続が行われることになります。職務質問はその時点で終了していますが、逮捕したときの身体捜検については、警察官職務執行法2条4項で規定されています。この規定は、逮捕した警察官の安全確保の観点及び被逮捕者の自傷防止の観点から設けられたもので、凶器の有無を調べる行為を、強制として行うことができます。もしあった場合について規定はありませんが、一時保管をすることになります。この規定は証拠収集保全を目的としたものではありません。証拠収集保全の観点から捜索し、あるいは身体検査をする必要がある場合には、裁判官の令状を得るか、逮捕の現場における捜索・差押えとして、行わなければならないことに注意を要します。

不審点が解消・軽減しない限り、質問は継続可

（ただし、長時間にわたって行うことはできない）

その者が犯罪を行ったことが明らかになったとき

捜査手続に移行（捜査手続の開始）

6 職務質問の要件を満たさない場合に可能な措置

POINT
- 相手方の任意の協力を求める形で行われることが必要。
- 強い説得や、相手を停止させるための一時的実力行使は認められない。

　職務質問の要件を満たさない場合には、この節の1から5までに述べたことは当てはまりません。質問をするのは、基本的に、相手方の任意の協力を求める形で行われることが必要です。

　その場所の特徴、その地域における犯罪の発生状況やその相手方の服装・持ち物・態度などから、ある種類の犯罪に関わっている可能性があるといえる場合には、警戒を含めて、質問をしていく公益上の必要性がそれなりにあるといえます。応じない相手方に、ある程度要請を繰り返したとしても、それがすぐに違法となるわけではありません。また、所持品検査も、相手方が強い拒否をしないで応じてくれるのであれば、行うことができます。

　しかし、強い口調で説得することや、相手方がその場から立ち去ろうとするのを一時的な実力行使をして止めるということは、要件を満たしていない場合に行うことはできません。

　質問に際しての観察や、質問に対する相手方の応答及び態度によって、不審点が生じ、要件を満たすと判断できた場合には、そこからは、この節の1から5までに述べたことが当てはまることになります。何らかの違法事案があることが分かった場合には、それについては指導警告にとどめつつ、他の犯罪も行っている可能性を考えて、職務質問の要件をそれだけで満たさないとしても、ある程度説得を重ねていくことが認められるといえます。

第3節 職務質問に関連する諸規定

1 自転車に関する規制と警察官の権限

POINT

● 自転車の信号無視、遮断踏切立入り、指定場所一時不停止、酒酔い運転等について罰則。

● 警察官は歩道上の安全を確保するために歩道通行を認めない指示をすることができる。

● ブレーキ不良車両を停止させて検査をすることができ、応じない場合は罰則がある。

　自転車については、安全利用の促進が近年強調され、違反に対して警察官が指導し、悪質な場合に検挙することも増加しています。自転車乗車中の者に対して、職務質問（声かけ）と指導とが合わせて行われることもあるので、以下で自転車に関する道路交通法の規制と警察官の権限について、説明をしておきます。

　なお、自動車及び原動機付自転車を対象とした権限については、車両検問を含めて、第5章で説明します。

　自転車は、道路交通法上で軽車両の一つとされ、他の車両と同じく、信号に従うこと、一時停止すべき場所では停止線の直前で一時停止すること、踏切の遮断機が閉じようとし、又は警報器が鳴っているときは踏切に入らないことといった規制が及び、違反した場合には罰則の対象となります（信号無視、一時不停止及び遮断踏切立入りの場合は、罰則に懲役刑もあり、現行犯逮捕制限の対象にはなりません。）。飲酒運転や過労運転等（過労、病気、薬物の影響等により、正常な運転ができないおそれのある状態で運転すること）が禁止されているのも、自動車等と同じですが、飲酒運転に対する罰則は、酒酔い運転（アルコールの影響により正常な運転ができないおそれがある状態での運転）の場合に限られ、酒気を帯びているだけでは、刑罰の対象にならないこ

とに注意が必要です。このほか、左側通行の原則、夜間における前照灯及び尾灯（又は反射材）の点灯走行、並進の禁止も義務付けられ、違反には罰則が定められています。また、道路交通法の委任を受けた都道府県公安委員会規則で、2人乗りの禁止（幼児用座席の場合は例外）、スマホ等のながら運転の禁止、傘をさした運転の禁止等が定められ、違反が罰則の対象となっています。

　なお、自転車の運転者のヘルメット装着については、「努めなければならない」という努力義務であり、することが義務とされているわけではありません。

　罰則の対象となる行為については、警察官は、その行為をやめるように求め、今後しないように注意することができます。指導カードを渡すことも広く行われています。悪質な場合に刑事訴訟法上の権限を行使して検挙することができること、やめるよう求めたにもかかわらず続ける場合に制止をすることができることは、他の犯罪の場合と同じです（犯罪の制止については、第4章第2節で説明します。）。

　自転車は、道路標識等で自転車歩道通行可とされている場合だけでなく、幼児・児童や70歳以上の高齢者及び身体障害者が運転する場合、車道や交通の状況に照らして自転車の安全を確保するために歩道を進行することがやむを得ない場合には、歩道を通行することが認められています。しかし、あくまで歩道は歩行者のための道なのですから、歩行者が優先であり、必ず徐行しなければなりません。徐行というのは、直ちに停止できるような速度で進行することです。徐行義務に反して歩道を進行したときは、罰則（2万円以下の罰金又は科料）の対象になります。また、警察官は歩行者の安全を確保するために、必要があると認めたときは、その歩道を通行してはならないことを、自転車の運転者に対して指示することができます（指示の根拠規定は道路交通法63条の4です。）。歩道に人が多くて、人を優先した運転をすると、ジグザグ走行や一時停止を繰り返さなくてはいけないような場合

には、警察官はこの指示をすることができます。警察官が指示をすると、自転車歩道通行可の道路標識等がある場合などであっても、自転車はその歩道を通行することができなくなりますから、車道を通行するか、自転車を押して歩かなければなりません。警察官の指示を無視してそのまま走行した場合は、自動車の通行区分違反としての罰則（3月以下の懲役又は5万円以下の罰金）の対象になります。

　自転車が自転車の横断方法や交差点における自転車の通行方法に反している場合には、警察官は、それらの規定に従った通行をするように指示することが認められています（道路交通法63条の8）。これらの通行方法に関する規定は自転車の安全確保のためのものなので、違反自体に罰則はなく、警察官の指示に違反した場合だけが罰則の対象とされています。歩行者の通行方法に関する規定に関して、直接の罰則がなく、警察官の指示（道路交通法15条）に反した場合だけが罰則の対象とされているのと同じものです。

　ブレーキ（制動装置）が付いていない、あるいは付いていても基準を満たしていない自転車を走行させることは禁止され、違反には罰則があります。前車輪及び後ろ車輪を制動するものであり、時速10キロで走っているときに操作開始から3メートル以内で円滑に停止させるものでなければなりません。警察官は、この基準に適合した装置を備えていないために交通の危険を生じさせるおそれがあると認められる自転車が運転されているときは、自転車を停止させて、検査をする権限が認められています（道路交通法63条の10）。警察官の停止に従わず、あるいは検査を拒んだり、妨げたりすることは、罰則（5万円以下の罰金）の対象になることが定められています。この停止と検査は、直接強制ではありませんが、応じないと処罰の対象となっているのですから、職務質問における停止以上に強い態度で従うように求めることができます。「止まれ！」と命じていいのです。従わなかったときは、現行犯になるのですから、その後は犯罪の制止として強制をすること

もできます。そして、応急措置によってブレーキを改善できる場合は改善を命じ、それができなければ運転を継続してはならないことを命ずることができます。

2　刃物に関する規制と警察官の権限

 POINT
● 刃体6センチを超える刃物の携帯につき、銃刀法で規制し、罰則がある。
● 他人に危害を加えるおそれがあり、必要な場合は、提出させ一時保管することができる。

　銃砲刀剣類所持等取締法は、銃砲、刀剣類とともに、刃物についても、業務その他正当な理由のない携帯を禁止し、違反を刑罰の対象としています。禁止される刃物は、刃体が6センチを超えるもの（はさみ・折りたたみ式ナイフ・くだものナイフの場合は8センチを超えるもの、切り出しの場合は7センチを超えるもの）です。その刃物を携帯することが職業上必要である場合や、購入して自宅に持ち帰る場合、登山をする際に登山用ナイフを持って行く場合などは業務その他正当な理由がある場合に該当しますが、特別の理由がないものや、いわゆる護身用で持っている場合は、正当な理由のない携帯に該当します。直接手で持ったり、バッグの中に入れている場合だけでなく、車のトランクの中の道具箱に入れている場合なども、携帯に該当します。簡単に出せないような形状の荷物にして運んでいる場合は該当しません。

　なお、刃体の長さが上記の携帯規制に該当しない刃物については、正当な理由なく隠して携帯していると、軽犯罪法に違反しますが、刑が拘留又は科料と軽く、住所不定や逃走のおそれがある場合でないと逮捕することができません。また、軽犯罪法は適用上の注意事項が定められています（軽犯罪法4条）。

　銃砲刀剣類所持等取締法は、銃砲刀剣類等による危険を防止する観

点から、携帯・運搬している者が他者に危害を加えるおそれがあるときに、警察官が調査し、銃砲刀剣類等（銃砲、クロスボウ、刀剣類、準空気銃と前記の携帯規制対象刃物）を一時保管する権限を規定しています（24条の2）。

　銃砲刀剣類等を携帯し、運搬していると疑うに足りる相当の理由のある者が、異常な挙動その他周囲の事情から合理的に判断して他人の生命又は身体に危害を及ぼすおそれがあると認められる場合においては、警察官は、それらの物であると疑われる物を提示させ、又はそれらが隠されている疑いのある物を開示させて調べることができます。危険防止のための規定であり、捜査目的の権限を認めたものではありません。「提示させ」、「開示させ」というのは、強く促して説得することを意味します。直接強制を認めたものではありませんが、相手方に強く求めることができることを、明らかにしたものといえます。警察官は、提示され、あるいは開示された物について調べます。

　この調査で銃砲刀剣類等と確認できた場合、あるいは当初から銃砲刀剣類等であることが分かっている場合において、他人の生命又は身体に危害を及ぼすおそれがあり、危害を防止するために必要があるときは、提出させて一時保管できることが規定されています。「他人の生命又は身体に危害を及ぼすおそれ」については、異常な挙動その他の事情から合理的に判断することが必要です。対象者の言動、態度、着衣、物品の携帯状況が異常であったり、周りの状況やそれまでの情報等を踏まえて、判断できる場合も含まれます。「酔っ払って果物ナイフを見せつけてわめいている場合」、「血相を変えていた者が包丁を隠していたことが分かった場合」などがこれに該当します。「提出させ」というのは強く説得をすることができるという意味で、「提示させ」、「開示させ」と同じです。もっとも、一時保管の措置は、刑事訴訟法の領置と同様に、相手方が返還を求めても、拒絶できるので、一般の任意活動とは異なります。危害を及ぼすおそれのある状況がなくなるまで

の間、保管するものですが、期間は最長5日以内とされています。

　この規定に基づく権限の行使に当たっては、警察官の身分を示す証明書（警察手帳）を提示しなければならないことが定められています。相手方の要求がなくても提示する義務があることに注意することが必要です。職務質問に付随する所持品検査として提示を求めたり、開示を求めるときには、警察手帳の提示は不要ですが、一時保管はこの法律の権限であるので、必ず警察手帳の提示が必要になります。

3　旅券等の携帯義務と提示要求

POINT
- ●外国人は、特別永住者を除き、旅券又は在留カードの携帯義務がある。
- ●警察官が求めたときは、旅券又は在留カードを提示しなければならない。

　日本に在留する外国人で16歳以上の者は、旅券を携帯する義務があります。中長期滞在者（3月を超える在留期間の人で、永住者も含まれます。）の場合は、在留カードの受領、携帯義務が課されており、在留カードを携帯していると、旅券を携帯する義務はなくなります（旅券を携帯していても、在留カードの携帯義務はなくなりません。）。ただし、特別永住者（第二次世界大戦前に日本国民として日本に居住し、サンフランシスコ平和条約で日本国籍を失った人とその子孫）については、特別永住者証明書が発行されますが、その携帯義務はありません。在留カードには、顔写真、氏名、国籍・地域、生年月日、性別、住居地、在留資格、在留期限、就労の可否などが記載されています。不法滞在者には交付されません。携帯義務違反には罰則があります。

　警察官は、入国審査官や入国警備官などとともに、旅券又は在留カードの提示を求める権限が認められています（出入国管理及び難民認定法23条）。求められた外国人は、旅券又は在留カードを提示する義務が

あります。提示義務違反には罰則があります（旅券の提示拒否は10万円以下の罰金ですが、在留カード提示義務違反は1年以下の懲役又は20万円以下の罰金と重くなっています。）。

　提示要求は、職務上必要があると認めたときに行うことができます。出入国管理法違反の疑いがあるときはもちろんですが、それに限られません。職務質問を行うときや、犯罪捜査に当たっているとき、そのほか、職務執行において外国人の身元を確認する必要があるときには、提示を求めることができます。

　警察官は提示を求めるに当たって、身分を示す証票を携帯し、請求があれば提示しなければならないことになっています。具体的には、警察手帳を示すことになります。

確 認 質 問

解答・解説は
こちらから▶

- ☐ 犯罪が特定されている場合には職務質問ではなく、捜査になるのではないのか？
- ☐ 刑事未成年者は刑罰対象にならないが、職務質問の対象とすることができるか？
- ☐ 質問の途中で預かったものは、求められたらすぐに返さないといけないのか？
- ☐ 物を投げ捨てたり、飲み込もうとしたりする行為を制止するのと、所持品検査とはどう異なるのか？
- ☐ 同行要求として法律に規定されている場合と、そうでない場合とはどう異なるのか？

発 展 質 問

解答・解説は
こちらから▶

- ☐ 警察官を避けようとする行動が「異常な挙動」に当たるとされたのにはどのような事例があるか？
- ☐ 総合的に考慮して職務質問の要件に該当するとされたものにはどのような事例があるか？
- ☐ 実力行使が任意の範囲か強制かを分けるのはどのようなところか？
- ☐ ホテルの部屋に居る者も職務質問の対象になるか？　職務質問のためにドアを開けておく措置を講ずることができるか？
- ☐ 犯罪を特定しない段階での供述拒否権告知は不要だと分かるが、特定すれば必要になるのではないか？

□ 弁護士が職務質問対象者を連れて帰ろうとするのを止めることができるか？

□ 所持品検査の承諾が争われたケースで認められたものにはどのような事例があるのか？

□ 銃刀法の規制外のいわゆる「護身用具」を「護身目的」で隠匿携帯した場合、「正当な理由」があるとされるのか？

□ 銃砲刀剣類所持等取締法に基づく調査や一時保管の規定は使う必要があるのか？

□ 特別永住者証明書についても警察官の要求に対して掲示する義務があるが、携帯義務がないのだとすると、どうなるのか？

第 **3** 章

保　護

　この章では、警察官職務執行法3条に定める2種類の保護と、法に規定されていない保護について説明します。いずれも、対象者個人の生命・身体を守るために、一時的な措置として行われるものです。可能な措置の範囲は、対象者によって大きく異なることに注意が必要です。

第1節　精神錯乱者等の保護

1　「精神錯乱者等の保護」の意味と目的

POINT

- ●相手方の意思とは無関係に保護することができる（保護しなければならない。）。
- ●必要な場合には、物理的な強制手段を使い、強制として行うことができる。
- ●本人の安全確保のためのものであり、他の目的のために行ってはならない。

　警察官職務執行法3条は、警察官の保護の権限を規定しています。精神錯乱者等（精神錯乱者又は泥酔者）の保護と、その他の要救護者の保護とは、法文上は区別されていませんが、法的な性質が大きく異なるので、本書では分けて解説することとし、この節では、精神錯乱者等（1号該当者）の保護について説明します。

　精神錯乱者等の保護は、精神が正常でない状態にあるために、自分の安全を保つことができなくなっている人について、その人の安全を

第
3
章

保

護

49

守るために行われるものです。精神錯乱者等が周りに危害を加えることもありますが、その場合でも、保護は、周りの人の安全を確保するためではなく、あくまでもその人（精神錯乱者等）の安全を確保するためのものです。覚醒剤のような規制薬物の使用者について、保護の規定を使って薬物犯罪の実態を解明しようとしたり、刑事責任の追及をしていこうとすることは、絶対に許されません。保護は本人の安全確保のためのものであり、犯罪捜査の目的で保護の権限を使ってはいけないのです。

　本人が正常な判断ができない状態にあるので、本人の意思によって保護をするのか、しないのかを決めるわけにはいきません。法律の要件を満たすときは、警察官は、保護をしなければなりません。その際に必要があれば、物理的な力を用いて、強制として行うことができます。一方、法律の要件を満たしていないときは、この規定に基づく保護をすることはできません。本人のためだからといって、法の要件を満たしていないのに、強制として保護をしてはいけないのです。

　保護は本人のために行われるものですが、保護される側から強い抵抗を受けることも多くあります（このため、社会一般の「保護」のイメージとはかなり異なる形態になります。）。保護の目的を達するのに必要であれば、抵抗を物理的に制圧して、強制的に連れて行くことも法的に可能ですが、過剰なものとなったり、不適切なものとなったりしないようにすることが強く求められます。

　2ではこの規定の要件を説明し、3ではこの規定に基づく保護の実施、4では事後措置について説明をします。「泥酔者」に当たらない酔っ払いが公共の場所や乗物で粗野又は乱暴な言動をしている場合については、別の法律（酩酊者規制法）で保護や制止ができるので、5で説明します。

　なお、精神錯乱者等というのは、本人を保護する要件であり、刑法上の責任阻却事由である心神喪失に当たるとは限りません。警察官に

暴行をふるった場合に、「刑事責任能力がなく公務執行妨害罪は成立しない」としないで、一応犯罪に該当するものと扱うことが可能です。

保 護
あくまで「本人」の安全確保のため

犯罪捜査等それ以外の目的で行うことは許されない。

精神錯乱者等の場合、保護の目的を達成するために必要があれば、物理的な力を用いて強制として行うことができます

2 保護する対象者（精神錯乱者と泥酔者）

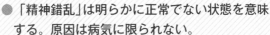

POINT

- ●「精神錯乱」は明らかに正常でない状態を意味する。原因は病気に限られない。
- ●「泥酔」は正体をなくすほど酔った状態であり、単に酔っているのでは該当しない。
- ●いずれも「自己又は他人の生命、身体又は財産に危害を及ぼすおそれ」があり、そのまま放置できないと警察官が判断するだけの理由が必要になる。

　「精神錯乱又は泥酔のため、自己又は他人の生命、身体又は財産に危害を及ぼすおそれのある者」であって、「応急の救護を要すると信ずるに足りる相当な理由のある者」が対象として法律で定められています。
　「精神錯乱」とは、明らかに正常でない状態、つまり正常な判断能力や意思能力がなくなった（大きく低下してほとんどなくなっている場合を含みます。）状態にあることを意味します。精神的な病気のために、わけがわからなくなって興奮して暴れている、といった場合が典型で

す。病気以外でも、使用した薬物の影響によって正常でなくなって暴れている場合も当たりますし、病気や薬物でなくても、極度の興奮で何が何だか分からない状態になっている場合も当たります。精神的に不安定な状態にあるというのでは当たりません。覚醒剤を使用していても、単に覚醒作用が働いているだけであれば、当たりません。

「泥酔」とは、アルコールによる影響で正常な判断能力や意思能力がなくなってしまった状態のことです。正体をなくすほどべろべろに酔っ払っている人が典型です。「かなり酔っている」という程度では当たらないでしょう。泥酔には至らない者について、酩酊者規制法で保護の対象となることがありますが、それについては5で説明します。

「精神錯乱又は泥酔」に当たるかどうかは、「異常な挙動その他周囲の事情」から合理的に判断しなければなりません。外形に現われた行動などからみて、明らかに正常でないといえることが必要になりますが、原因が何かは分からなくても構いません。その上で、「自己又は他人の生命、身体又は財産に危害を及ぼすおそれのある者」で「応急の救護を要すると信ずるに足りる相当な理由」があることが保護を実施する要件になります（ここでいう「他人」は家族や付近にいる人、さらには現場に来た警察官へ危害を加えるおそれがあるときも含まれます。）。自分や他人に危害を及ぼすおそれがないなら、警察官として保護をする必要はないということになります。酔って共同住宅の廊下でけんかをし、その後自室に戻って寝ていた者を、通報を受けた警察官が保護した（声をかけ、出てきたところで警察官に抗議をした男が酒臭かったので、泥酔していると判断して警察署に連行した）ことが違法とされた事案がありました。保護の必要がないことが明らかなケースだといえます。

また、周りにいる人が対応すれば足りるのであれば、その人に任せればいいでしょう。元々警察官が保護するのは、適切な家族や機関に引き渡すまでの一時的なものです。警察官として「応急の救護を要す

ると信ずる」、つまり放置できないと判断するだけの理由がある場合に限って保護をすることとなります。もっとも、精神錯乱の場合には、医療機関でないと対応できないことも多く、家族がいるから任せていいとはいえないことに注意を要します。

これらの要件は、保護を開始する時点で存在していなければなりません。警察官が着いたときはかなり興奮していたが、その後の時間の経過とともに落ち着いてきたというのなら、要件を満たさなくなったので、この規定に基づく保護はできない、ということになります。

3 精神錯乱者等に対する保護の実施

POINT
- 必要な場合には、強制として、抵抗を実力で排除し、連行し、拘束することができる。
- 手錠やロープ等を使用することもできるが、必要性を慎重に判断しなければならない。
- 適切でない方法での保護（窒息させてしまうような措置など）は違法とされる。

精神錯乱者又は泥酔者であって、2で述べた要件を満たしているものについては、警察官は、「取りあえず警察署、病院、救護施設等の適当な場所において、これを保護しなければならない」ものとされています。「取りあえず」というのは、適切な者や機関に引き渡すまでの一時的な措置として行われることを示したものです。

警察署まで移動させ、警察署で保護を続けるために、必要かつ相当な限度で、実力を行使することができます。抵抗をした場合に実力で排除する、強制的に連行する、身体を拘束する、施錠した保護室に収容するといったことが法的に認められます。手錠を使い、あるいはロープで拘束することも場合によって認められますが、必要性を慎重に判断しなければなりません。特に、後ろ手錠は、できるだけ避けるべき

ものであり、そうしないと保護できないようなときに限られます。

　保護に際して、舌をかまないように口にタオルを入れることは必要な措置として認められますが、窒息を招くことがないように特に注意しなければなりません。上下の前歯の間にタオルを入れればいいのに、口の奥までタオルを入れて、押さえ続けたことで気道をふさいで窒息死させてしまった事件が過去に起きています（警察官の行為が違法とされています。）。

　保護は、あくまでも本人の安全を確保するためのものです。暴れたり、移動に応じないような対象者の場合に、警察官が冷静なままでいるのは容易ではありませんし、正常な意識のない者はとんでもない力で抵抗することもあります。警察官が少数だと、それだけ大変になり、不必要な実力を行使することにもつながります。保護を適法・適切に行うには、それだけ警察側もしっかりとした体制で臨むことが必要になってきます。一人の警察官が泥酔者の体や衣服をつかんで警察署の廊下を20メートル余り引きずったことが違法とされた事案があります。歩かない場合には、数人で抱きかかえるか、車いすを使うということも考えるべきであった、と判決で指摘されています。

　保護に際しての所持品検査について、法の規定はありません。しかし、本人及び保護をする警察官の安全確保の見地から、危険な物がないかどうかを検査することは、保護の規定に基づいて行うことができるとされています。また、保護では、適切な関係者に連絡して引取りを手配することになっていますから、身元を確認するために、所持品を調べることも認められています。保護自体が強制として行われるので、危険な物がないか、身元を確認できる資料はないかという観点からの所持品検査について承諾を得る必要はありません。

4　保護の終了と事後の措置

POINT

●できるだけ早く終了するべきもので、責任ある家族等に引き渡すのが原則。
●簡易裁判所に通知しなければならない。

　保護は一時的な措置として行われます。ですから、「できるだけすみやかに」、その者の家族等（家族、知人その他の関係者）に保護をしたことを通知し、「引取方について必要な手配をしなければならない」こととされています。引き渡すために呼び出すことが一般的ですが、状況によっては、送り届けることも含まれます。

　引き渡す先は、保護する能力と意思があることが前提です（法の規定では「責任ある」という用語でこのことを表現しています。）。家族等に保護する意思がない場合や、意思はあっても能力がない場合（精神錯乱者の場合には能力がないことが多くあります。）には、「責任ある家族、知人その他の関係者」がいない（見つからない）ことになるので、適当な保護能力を有する機関（病院）や法令により責任を負う機関（精神障害者については都道府県知事又は市町村長）に被保護者の身柄を引き渡すことになります。

　保護の期間は24時間を超えてはならないことが規定されていますから、その期間内に責任ある家族等や他の機関に引渡しを行うことになります。泥酔の場合は、時間が経過すれば泥酔状態でなくなるので、その時点で解除すべきものとなります。

　保護をした者の氏名、住所、保護及び引渡しの日時と引渡先について、毎週、簡易裁判所に通知しなければならないことが法律で定められています。乱用防止の観点から設けられた規定です。

| 24時間以内に | → 家族、その他の機関へ引渡し |

5　酩酊者規制法による保護と制止

POINT

- 公共の場所又は乗物で粗野又は乱暴な言動をしている酩酊者を保護の対象とする。
- 著しく粗野又は乱暴な言動の場合には、警察官には制止する権限が認められている。

　酒にかなり酔ってはいるものも、「泥酔」とまではいえない場合には、警察官職務執行法３条の保護の対象にはなりません。酔っている人（酩酊者）が、公共の場所又は乗物において、粗野又は乱暴な言動をしていて、本人のために応急の救護が必要である場合には、警察官が保護をすることができることが、「酒に酔つて公衆に迷惑をかける行為の防止等に関する法律」（「酩酊者規制法（酩規法）」と呼ばれています。）で定められています（３条）。公共の場所には、道路や公園、駅だけでなく、飲食店や映画館なども含まれます。

　本人が酒に酔っていること（ほろ酔い程度では含まれません。）、公共の場所や公共の乗物で粗野又は乱暴な言動をしていること、本人のために応急の救護を要すると判断できるだけの相当の理由があること、の三つの要件が求められます。粗野又は乱暴な言動というのは、酔って他人にからむ、公園の器具を蹴飛ばす、大声でわめきちらす、といったものが典型です。警察官が来る前に粗野又は乱暴な言動が終わっている場合には対象になりません。「本人のため、応急の救護を要する」かどうかは、その酔っ払いの言動、酔いの程度、周囲の状況等に照らして、そのまま放置しておくと、本人がトラブルにまきこまれ、あるいは自分の行動の結果として、危害が本人に及ぶことが十分あり得る

ことだと予想されることを意味します。本人の生命や身体の安全が損なわれかねないから、応急の救護をすることが必要なのであって、例えば酔ってみっともない行動をしていることで本人の名誉が害されることを防ぐ、というために保護することはできません。周りの迷惑な状態を解消することにつながりますが、あくまでも目的は本人を保護することです。

　この規定の要件を満たす場合には、警察官は保護をすべきこととされています。保護に当たっては、実力を行使することができます。保護をした後に、適当な親族等に連絡をとって引取方を手配すること、酔いの影響が小さくなれば保護を解除することが必要になること、簡易裁判所に通知することは、警察官職務執行法の泥酔者の保護の場合と同じです。

　酩酊者規制法では保護のほかに、酩酊者が公共の場所又は乗物において、公衆に迷惑をかけるような著しく粗野又は乱暴な言動をしたときは拘留又は科料の対象とすることを定める（4条）とともに、警察官がこれに該当する者を発見した場合は制止する権限を定めています（5条）。

泥酔者・酩酊者の保護における根拠法令

泥酔者	警職法
泥酔とまではいえない酩酊者	酩酊者規制法

第2節 要救護者の保護

1 要救護者の保護の意味と対象

POINT

● 本人のために応急救護として行われる。

● 本人が拒めば保護できない（強制として保護を行うことはできない。）。

● 迷い子、病人、負傷者等で適当な保護者を伴わず、応急の救護を要する者が対象。

　迷い子や病人などの要救護者（2号該当者）の保護は、応急の救護を要することから、本人の安全のために行われるものですが、本人が拒んだ場合を除くことが法律で明確にされています。ですから、精神錯乱者等の保護の場合とは異なり、強制として行うことはできません。もっとも、本人が拒まない限り保護できるので、本人の承諾を受けて初めて可能になるようなものとも異なります。警察官は当然にその者を保護すべきであり、十分な意思能力と判断能力がある者が断った場合だけが例外として保護できなくなる、ということです。ですから幼児の場合や、ケガをして半ば意識を失っているような者の場合には、拒むような言動をしていたとしても、この規定の「拒んだ場合」には該当せず、保護を実施することができます。

　迷い子、病人、負傷者などで適当な保護者を伴わず、応急の救護を要する者（2号該当者）がこの保護の対象となります。自分で自分の安全を守る能力（自救能力）がない者が、保護する者のいない状態にあれば、本人の生命、身体の安全が保てない事態になるので、警察官が一時的に保護し、適当な保護者に引き渡すというのが要救護者の保護なのです。例示された迷い子、病人、負傷者のほか、高齢者で普通の行動ができなくなっている者（身体的な要因の場合に限らず、認知機能の低下による場合も含まれます。）も対象に含まれます。

「迷い子」とは、一般に言う迷子のことで、自分がどこに居るのか分からなくなってしまって親元等に帰りたいが帰れない状態にある者や、自らの意思によらないで保護者と離れてしまった状態にある者が該当します。本人が自らの意思で親の元を離れ、自分の意思に基づいてその場所にいる場合（家出人の場合）には、「迷い子」には該当しません。

	強制としての保護
精神錯乱者 泥酔者	○
迷い子、病人等 要救護者	× 本人が拒んだ場合は保護できない

2　要救護者の保護の実施とその後の手続

POINT
- 強制ではないが、移動させるためにある程度の物理的な措置は認められる。
- 拒まれた場合以外は、保護の観点から必要な範囲での所持品検査も認められる。

　要救護者の保護は、相手方が移動する能力を有している場合には、保護すべき場所まで同行し、一定の場所に居るように求めることによって行われます。強制はできませんが、移動するのを手助けし、誘導するのに手で押すくらいは可能です。移動する能力に問題が生じている場合には、警察官が運ぶことが必要となる場面も当然にあります。

　保護対象者が保護されることを拒んだ場合には、強制的に保護をすることはできません。物理的に押さえつけたり、カギのかかっている部屋に閉じ込めることはできません。対象者の意思を無視して保護できる精神錯乱者等の保護とは全く異なるのです。

　所持品検査については、保護を実施するのに危険な物を身に付けたままにするわけにはいきませんし、連絡先を知る上でも所持品を調べ

ることが必要になります。そのような保護の観点から行われる所持品検査は認められます。もっとも本人が拒んだ場合はできません。本人の意思がない場合には、承諾を得ているわけではありませんが、保護をする以上は当然のことですし、本人の利益になることですから、必要な限度では、本人の承諾がある場合と同じように措置をとることができます（承諾があったものと推定されることになります。）。

　一方、保護をした後にとるべき措置については、精神錯乱者等の保護の場合と同じになります。第1節の4で述べたのと同じように、できるだけ速やかに、家族等に引取り方の手配をし、引き渡すこととなります。24時間という制限時間があるのも同じです。責任ある家族知人等が見つからないときは、関係機関（保護能力を有する機関や法令上の責任を有する機関）に引き渡すことになります。法令上の責任を有する機関は、児童の場合は福祉事務所又は児童相談所、病人等については都道府県知事及び市町村長が該当します。なお、児童虐待の疑いのある場合には、保護者に引き渡すのが適当だとはいえないので、要保護児童として、市町村、福祉事務所及び児童相談所長が引継ぎ先になります。簡易裁判所への通知が必要となることも、精神錯乱者等の保護の場合と同じです。

第3節　法律に規定のない保護

1　家出人の保護

POINT

● 家出をした者は要救護者に当たらない。

● 未成年の場合にはある程度の不利益を与えることができる。

● 成人の場合には本人が拒めば家族への連絡もできない。

家出人は自らの意思でそれまでの住居を離れているので、未成年者であっても「迷い子」には当たりません。ですから、警察官職務執行法３条２号の要救護者には該当しないことになります。

　警察は、個人の生命、身体及び財産の保護に任ずることを責務としていますから、その責務達成に必要な行為として、一般的な保護を行うことができます。どのような行為を行うことができるかは、責務達成上の必要性の程度に比例します。未成年者（18歳未満の者）の場合には、保護者（親権者）がその子どもの利益を守ることになっていますから、保護を受けることができない状態を放置することはその子どもを危険にさらす可能性があるといえますし、実質的にも自分で決定する能力に乏しく、被害を受けやすいといえます。このため、家出をしている未成年者については、説得をして、警察署への同行を求め、家族に連絡をすることになります。立ち去ろうとする場合に、一時的に引き止めることもできます。もっとも、要救護者ほどの高い必要性はないのですから、行うことのできる範囲も要救護者の場合よりは軽い程度に限られます。成人になっている者（18歳以上の者）の場合には、未成年者の場合とは異なり、法的に保護者が関わることはなく、自分で決定する立場です。病気や自殺のおそれがあるといった特別の事情がある場合以外は、本人が拒否すれば家族に居場所を連絡することもできませんし、強く説得することもできません。

　要救護者の保護、未成年者の家出人の保護、成人の家出人の保護について、必要性の程度と、行うことのできる範囲（相手に与える不利益の程度）の関係を図に書くと次のようになります。

　公益上の必要性（保護することで個人の生命・身体を守らなければならないという必要性）の程度がより大きな迷い子等の場合には、強制ではないとしても、相手にかなり大きな不利益を与えることが許容されます。未成年者の家出での場合には、公益上の必要性がかなりあるので、ある程度の不利益を与えることも認められます。これに対し、

相手方に与える不利益

可能な上限

★迷い子等

★未成年者の家出

☆一般成人の家出

公益（責務達成）上の必要性

一般成人の家出の場合には、公益上の必要性があまりないので相手に不利益を与えることはほとんどできない、ということになります。

2 自殺をしようとする者の保護と制止

POINT

● 自殺をしようとする者は警察官職務執行法の保護対象に当たらない。

● 任意活動として説得等を行うことに加え、制止のための一時的強制も認められる。

　自殺をしようとする者は、警察官職務執行法3条の対象になりません。自らの判断に基づいて自殺をしようとしているのであって、意思能力・判断力を失ったわけでもなく、自らを守る能力を失ったわけでもないからです。このため、強制的な保護はできません。

　しかし、個人の生命・身体・財産の保護を責務としている警察にとって、人が自殺をしようとすることを放置することはできません。それだけ高い必要性があるのですから、警察法2条の責務を達成するための任意活動として、強制にわたらない範囲で、強く説得し、説得に必要な範囲で一時的で軽微な実力行使もすることができます。

　それだけでなく、目の前で自殺をしようとしている場合には、説得

の範囲を超えて、はがいじめにして一時的に動けなくすることや、自殺をするのに使う道具をこわすことなど、制止のための一時的な強制も行うことが認められます。法律の根拠がないと強制はできないのが原則ですが、目の前で行われようとする自殺を止めるのはその例外になります。もっとも、法律の規定もないのですから、単に自殺をする高い可能性があるからというだけで制止をすることはできません。誰が見ても自殺をしようとすることが明らかなような状態の場合に限られます。

　自殺をしようとすることで警察官職務執行法4条の危険な事態が生じた場合や、自殺をしようとする行為が放火や銃刀法違反といった犯罪に該当する場合があります。これらの場合には、警察官職務執行法4条の避難等の措置、5条の犯罪の制止として、法律に基づく強制が可能になります。それらについては、第4章第1節、第2節をみてください。

確 認 質 問

解答・解説は
こちらから ▶

☐ 1号該当者（精神錯乱者等）の保護と2号該当者（要救護者）の保護は何が違うか？

☐ 1号該当者の保護と2号該当者の保護で同じ扱いになるのは何についてか？

☐ 保護に当たって所持品検査はどこまでできるのか？

☐ 手錠を使用することが可能なのはどういう場合か？

☐ 泥酔者を保護するのはいつまで可能なのか？

☐ 保護した者について簡易裁判所に通知するという規定が置かれているのはなぜか？

☐ 迷い子の保護と家出をした未成年者の保護の扱いはどう違うか？

発 展 質 問

解答・解説は
こちらから ▶

☐ 保護が違法とされたものとして、どのような類型があるのか？

☐ 警察官が要件に該当すると誤って判断した場合は、すべて保護は違法になるのか？

☐ 覚醒剤の常用者が精神錯乱状態になり、保護の対象であると同時に捜査の対象でもある場合、捜査が違法であるとされないために、どのようなことに気をつけなければならないか？

☐ 1号該当者の保護が「即時強制」であるといわれるのは、どのような意味か？

☐ 精神障害者については、その後どのような措置がとられるのか？

□ アルコールの慢性中毒者の疑いのある者を発見した場合はど
　のような措置をとることが必要になるか？

□ 病人等が保護されるのを拒んだ場合、どのような措置を講ずる
　べきか？

□ 自殺をしようとする者を保護する法律の規定はないのに、物理
　的な力を使って止めることが可能だとするのは、「強制には法
　律の根拠を要する」という基本に反しないか？

第 **4** 章

警察官職務執行法の その他の権限

この章では、警察官職務執行法（警職法）が規定しているその他の権限として、避難等の措置（4条）、犯罪の予防（警告）と制止（5条）、立入り（6条）及び武器の使用（7条）について説明します。

第1節　避難等の措置

1　意味と目的

● 災害、事故などの危険な事態が生じた際の警察官の権限を定めている。

● 被害は生じていなくても、実際に危険であるといえる状態になれば対象となる。

● 個人の生命及び身体の保護のために必要な場合は、権限を積極的に行使すべきもの。

　警察官職務執行法4条は、危険な事態における警察官の避難等の措置について定めています。危険な事態が発生した場合に、適切な避難、救助等の措置をとって、個人の生命、身体及び財産を保護することは、警察として当然に行わなければならないことです。災害や事故などで、まだ被害は生じていなくても、実際に危険であるといえる状態になればこの規定の対象となります。

　避難等の措置をとることは、相手方の承諾があれば、法律の根拠規

定がなくとも可能ですが、相手方が避難を拒む場合や、その場にいない人の所有物を破壊することが必要な場合もあり得るので、相手の承諾がなくても必要な措置をとることができるように、強制を含んだ権限を警察官に与える規定が設けられているのです。

　個人の生命及び身体の保護のために必要な場合には、この権限を積極的に行使することが求められます。この規定を適用したことについて、相手方から争われるケースはそれほどありませんが、警察官が行うべき措置をとらなかったことが批判され、死傷した側から訴えられた場合に、この法律の権限行使をすべきであったことが指摘されています。

　なお、この規定は、実際に危険な事態になっている場合に、現場で一時的な対応をするためのものです。将来の危険を防ぐためにあらかじめ規制をしておくものとは異なります。将来の危険防止のために、警察から関係機関に働きかけることもあり得るので、3に記載した措置をとった後には、組織の段階を経て、公安委員会に報告をしなければならないことが2項で定められています。

2　危険な事態

POINT

● 生命、身体への危険だけでなく、財産に重大な損害を及ぼすおそれのある場合も含まれる。
● 災害、事故だけでなく、動物が居ることで危険な状態であったり、極端な雑踏なども対象となる。
● 原因は問わない。違法行為に限られず、本人が招いた危険な事態も含まれる。

　この規定の対象となるのは、人の生命又は身体に危険が及んだり、財産に重大な損害を及ぼすような危険な事態です。「天災、事変、工作

物の損壊、交通事故、危険物の爆発、狂犬、奔馬の類等の出現、極端な雑踏」が例示としてあげられています。「天災」は自然災害、「事変」は暴動などの人の行動による異常な社会現象、「工作物の損壊」は建物、電柱などの損壊、「交通事故」は交通機関による事故（道路交通以外も含みます。）、「危険物の爆発」は火薬、ガス、ガソリン、化学薬品等の爆発、「狂犬、奔馬の類等の出現」は猛獣が逃げた、馬が暴れているなど動物によって危険な状態が起きていること、「極端な雑踏」は多数集まった人の間に混乱が生じている場合と著しく人が集中している状態を意味します。これらが起きて、あるいはこれら以外の事案や事象によって、人の生命、身体に危険を及ぼし、又は財産に重大な損害を及ぼすおそれがあることが危険な事態です。

　その原因が何であったか、正当な理由があるかどうか、あるいはその状態が適法なのか違法なのかなどに関係なく、実際に危険な状態になっていれば含まれます。本人が危険な事態を招いている場合（例えば、取り壊される予定の建物に自らの意思で入り込んでいるとき）も含まれます。

　自殺をしようとすることが、この危険な事態に当たることもあり、その場合には3で述べる措置をとることができます。密閉して練炭を使用したり、排気ガスを引き込んでいる場合には、その意図が何であっても、危険な事態ですから、密閉空間を解放し、あるいは人を引きずり出すといったことができることになります。

3　措置の内容

POINT

● その場に居合わせた者や管理者、関係者に必要な警告をすることができる。

● 特に急を要する場合は、強制として命令し、実力で措置することができる。

２で述べた危険な事態が生じている場合には、警察官は、「その場に居合わせた者、その事物の管理者その他の関係者に警告」を発することができます。「その場に居合わせた者」とは、危害が発生するおそれのある場所、現に危害が生じている場所又はその付近の場所に居る人のことで、危険な事態が生じたことを知って意図的に近づいてきた者も含まれます。そういった人たちに対して、危険なのでその場所から逃げる（その場所から離れる）ように求めることが一般的に行われます。「その事物の管理者」とは、危害の発生、継続又は拡大に直接関係のある物、施設・場所、事態等を現実に管理している人のことです。危険な物を運搬している者、動物の飼い主、建物の管理者、交通機関の管理者、イベントの主催者などが当たります。その事物を管理している者に対する警告は、危険な事態を止める、自らの責任で物や動物を管理する、乗客や観客を適切に避難誘導するといったことを求めることを意味します。「その他の関係者」とは、危険な事態に直接又は間接に関係のある者のことで、管理者を補助する立場にある者、危険防止や避難について協力することのできる者などが当たります。危険防止や避難について、行動を求める対象などです。
　警告は、相手に行動を求めるものです。法的な義務づけではありません（法的な義務付けとしての命令をする場合は後で述べます。）。求める行動の内容は、前に述べたように、その相手方の立場によって異なります。口を使って（声によって）求めるのが通常ですが、状況に応じて、警笛やサイレンを鳴らしたり、多くの人に分かるように記載して表示したり、ロープを張ったりする方法によることもあります。多数人を相手にする場合には、警察部隊による阻止隊形を組むなど、説得のための最小限の実力の行使を伴う行動による警告もあり得ます。
　危険な事態が発生し、特に急を要する場合には、警察官は、強制としての避難等の措置をとることができます。相手方に法的な義務づけをし、あるいは自ら実力で必要な措置をとるもので、以下の三つの類

型が規定されています。

　強制の一つ目は、危害を受けるおそれのある者に対し、その場の危害を避けるために必要な限度で、引きとどめ、避難させることです。実力を使って、危険な場所に入ろうとする者を抑止し、あるいは危険な場所にいる者をそこから離れさせる（外に連れ出す）ものです。避難させる上で体に手をかけて引っ張り出すような行為も必要であれば行うことができますが、危険な場所から離れれば、それ以上拘束することはできません。同じ人間がまた近づこうとするのであれば、これを制止・阻止するための実力行使をすることになります。

　強制の二つ目は、危害防止のために通常必要と認められる措置を講ずるように命令することです。事物の管理者などその事態の発生・収拾に責任を有する者に対して、その事態に現場的に対処する措置をとるように命ずるものです。責任者以外に対して命令をする場合もあります。熊が住宅街に現われた場合に、猟銃の使用能力のある者に駆除を命ずることがその例です。

　強制の三つ目は、警察官が直接必要な措置を講ずる（実際に必要な措置を自ら実施する）ことです。関係者の措置を待っていては間に合わない場合、関係者が命令に従わない場合、警察官が自ら行うのが適当である場合には、警察官が自ら行うことになります。必要な場合には、その範囲で、物の破壊を含む実力を行使することができます。

4 危険な事態に関する他の法律との関係

- ●警察官の危険な事態への対処を定めた別の権限規定があれば、それが優先される。
- ●災害対策は市町村の事務で、災害対策基本法による避難の指示は市町村長の権限。
- ●警察官は、市町村長が指示できないとき又は市町村長から要求があった場合に指示。
- ●災害対策基本法の適用があっても、警察官は、警職法の権限を独自に行使できる。

　警察官職務執行法の避難等の指示の規定は、危険な事態全般に対処するために警察官に権限を与えた規定です。個別の事態に着目して別の権限規定が置かれている場合には、その権限を行使すべきことになります。例えば、道路の損壊や火災などによって交通の危険が生ずるおそれがある場合における道路の通行禁止・制限（道路交通法6条）、火薬類による災害の発生を防止するため特に必要がある場合における火薬類運搬中の車両に対する応急措置命令（火薬類取締法45条の2）、危険物の移送に伴う火災の防止のために特に必要がある場合における移動タンク貯蔵所（タンクローリー）の質問・検査（消防法16条の5）に関しては、警察官職務執行法の規定を適用するのではなく、それぞれの規定のみに基づいて、対処することになります。道路交通における危険な事態への対処については、第5章第3節で説明します。

　災害が発生した場合の対策全般については、市町村の事務とされ、避難等の指示や警戒区域の設定が市町村長の権限として定められています（災害対策基本法60条、63条）。避難等の指示は、「災害が発生し、又は発生するおそれがある場合において、人の生命又は身体を災害から保護し、その他災害の拡大を防止するため特に必要があると認めるとき」に、避難のための立ち退きを指示し、あるいは緊急安全確保措

置を指示するものです（緊急安全確保措置は、立ち退きがかえって危険になるときに、高所への移動、近くの堅固な建物への退避、屋内でのより安全な場所（屋外への開口部から離れた場所）への退避などをすることです。）。警戒区域の設定は、市町村長の権限として定められています。「災害が発生し、又はまさに発生しようとしている場合において、人の生命又は身体に対する危険を防止するため特に必要があると認めるとき」に、警戒区域を設定し、立入りを制限・禁止し、退去を命ずるものです。

　警察官は、それらの要件を満たしている場合であって、市町村長が指示することができないと認めるとき又は市町村長から要求があったときは、避難等の指示をすることができます（61条）。警戒区域の設定についても、市町村長又はその委任を受けた者が現場にいないときと市町村長等から要求があったときには、警察官が行うことが認められています（63条）。避難等の指示については、警察官職務執行法にも定められていますが、避難先を特定することが必要な場合には、災害対策基本法に基づいて行うことになります。一方、警戒区域の設定は、警察官職務執行法では想定されていない権限ですから、災害対策基本法の規定に基づいてのみ行うことができます。

　市町村長がそれらの権限行使をしていても、現場で実際に必要になる場合には、警察官は、自らの権限として、警察官職務執行法に基づいて、直接強制を含めた避難等の措置をとることができます。

　なお、火災に関しては、市町村が設置している消防組織が対処することとなります。消防法により、消防吏員又は消防団員が消防警戒区域を設定し、その区域から退去を命じ、人の出入りを禁止・制限する権限を有していますが、警察官は、消防吏員等が現場にいないとき又は要求があったときにその権限を行使するほか、設定に援助を与えることが定められています。

第2節　犯罪の予防及び制止

1　意味と目的

POINT

- ●犯罪がまさに行われようとするときに、それを防ぐ権限を警察官に与えたもの。
- ●任意活動としての警告と強制としての制止を定めている。
- ●制止は、犯罪により被害を受ける人の生命・身体・財産を保護する責務達成上の手段。

　警察官職務執行法5条は、犯罪がまさに行われようとしている場合に、警察官が予防のために関係者に警告することができること、そして、人の生命への危険等があって急を要する場合に警察官がその行為を制止することができることを定めています。

　この規定における「予防」は、将来の犯罪を長期的な観点から防ぎ、減らすことではなく、行われそうなことがはっきりとした個別の犯罪行為について、それを止める（止めさせる）ことを意味します。

　警告は相手に犯罪行為をしないように求めるもので任意の活動ですが、制止は相手の犯罪行為を物理的強制的に止めるもので強制に当たります。

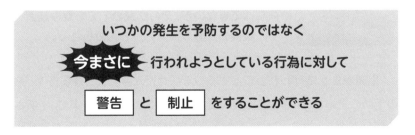

いつかの発生を予防するのではなく

今まさに 行われようとしている行為に対して

警告 と 制止 をすることができる

　警告は、どのような犯罪でも対象とすることができるので、犯罪を予防し、公共の安全と秩序の維持のための権限ですし、個人に被害が

及ぶ犯罪を対象とする場合には、個人の保護のための権限にも当たります。一方、犯罪の制止は、人の生命や身体に危険が及び、又は財産に重大な損害が及ぶおそれがある場合にその犯罪行為を止めるものですから、個人の生命、身体、財産の保護という警察の責務を達成する手段です。

外から見ると「犯罪がまさに行われる」と認められる状況であったとしても、当事者は全くその気はなかったということがあり得ます。可能性が高いといっても、100%そうだと断言できるわけではありません。しかし、法律が権限を与えているのは、要件に該当することが客観的合理的に判断できる状態にあれば、発生を防ぐために警察官が行動をとることを認めているのですから、仮に実際はそうでなかったとしても、警察官の権限行使が違法になるわけではありません。このことは、他の規定の場合も当てはまりますが、本条の場合が一つの典型といえます。

2　犯罪の予防のための警告

POINT

- 犯罪が行われる可能性が高いことが客観的に明らかになったときに警告が可能。
- 対象となる犯罪は刑事責任追及の対象とならないものも含まれる。
- 強制はできないが、その状況の下で必要な範囲で、説得のための実力行使も認められる。

「犯罪がまさに行われようとするのを認めたとき」に、警察官は、その予防のために、関係者に必要な警告を発することができます。「まさに行われようとする」というのは、今目の前でまさにこれから行われようとしているという場合が典型ですが、それだけでなく、犯罪の準備をした者たちが集まってきているとか、犯罪をすることを呼びかけ

る文書が配られているといったときのように、犯罪が行われる可能性が高いことが客観的に明らかになった場合は、まだ実行の開始までに時間的な間があったとしても、この要件を満たすことになります。

「犯罪」とは、刑罰法規に該当する違法な行為を意味します。予防のための権限であり、刑事責任追及のためのものではありませんから、14歳未満の者（刑事未成年者）や心神喪失と認められる者の行為も対象となります。

「警告」は、犯罪行為をすると思われる者を対象とするのが一般的ですが、法律上は他の者を対象とすることもできます。施設の管理者に管理権に基づく措置をとるように伝える、加害者となると思われる者が未成年者の場合に保護者に止めるように求めることも含まれます。

「警告」は口頭で行われるほか、警笛やサイレンを用いたり、身振り等の動作で行われ得る場合もあります。不法に庁舎に侵入しようとする者がいた場合にその前に立ちふさがることや、暴行を行おうとする者の前に立ちふさがることも、警告として行うことができます。何人も犯罪を行ってはならないのですから、それぞれの事案に応じて、必要な範囲で、説得のためにある程度の実力行使をすることも認められます。警棒を構える、相手方の肩を押して帰宅を促す、集団による犯罪が行われることを防ぐために、警察部隊を展開して阻止線を張るといったことが認められています。もちろん、強制になってはなりませんから、警告として拳銃を使用したり、身柄を拘束することはできません。

犯罪が発生した後も、継続している間は、この警告をすることができますが、犯罪を行い終わってしまった段階になると、行うことはできません。

なお、犯罪の発生の可能性が高いことが明らかになったとはいえない（可能性は一応あるがまだはっきりとはいえない）段階では、この規定に基づく警告をすることはできません。しかし、犯罪を予防する

のは警察の責務であり、また何人も犯罪をしてはいけないのですから、犯罪をしないように口頭で指導警告をすることは、一般の任意活動として行うことができます。もっとも、伝え方の程度方法については、この法律に基づく警告の場合のように、肩を押すといったことまではできないのが通例だと思われます。また、相手方が犯罪をする可能性があるということを警察官が告げることで、その者の名誉や信用を損なうおそれがあるので、何らかの根拠があることをはっきりさせることができる場合のほかは、一般的な形で伝えることが適切だといえます。

3 制　止

POINT

●その行為により、人の生命等に危険が及び、急を要する場合に限って制止できる。

●財産被害は、重大な損害を及ぼす場合に限定される。

●制止は強制であり、実力を行使できるが、制止に必要な限度を超えると違法になる。

●犯罪が行われるのが確実でも、その他の犯罪は事前に制止できない。

「犯罪がまさに行われようとする」と認められる状況に加えて、その犯罪行為が行われれば人の生命又は身体に危険が及び、又は財産に重大な損害を及ぼすおそれがあり、「急を要する」場合に限って、犯罪を制止することができます。生命や身体に危害を及ぼす犯罪はその危険があれば該当しますが、財産の被害をもたらすだけの犯罪の場合は、重大な損害を及ぼす場合に限られます。個人の生命、身体に危険を及ぼすおそれのある犯罪は、殺人、傷害などの身体犯の場合が典型ですが、信号無視などの乱暴な運転による道路交通法違反のように、安全確保のための法令に違反する行為も、直接に生命、身体に危険を与え

るものであれば含まれます。財産に損害を及ぼす犯罪には、窃盗や器物損壊などのほか、業務妨害の罪なども含まれることになりますが、重大な損害を及ぼすおそれがあるといえる場合だけが対象です。財産に重大とはいえない損害しか起きないと思えるときや、個人の名誉を傷つける犯罪、社会法益を守るための多くの規制法規違反については、この規定に基づく犯罪の制止をすることはできません。

　なお、犯罪が実際に行われた後の制止は、本条に基づかないものとして行われることもありますが、それについては次の項で述べます。

　犯罪の制止は、犯罪行為を行おうとする者を実力で阻止する行為を意味します。犯罪行為を行おうとする者を抱き止めること、一時的に押さえつけること、犯罪が行われる場所以外に連れて行くこと、凶器を取り上げることなどが、制止として行われます。集団や多数人による犯罪を制止するために、放水車によって放水することも、制止に当たります。制止のために必要がある場合は、警棒を使用し、さらに武器使用の要件を満たせば拳銃を使用することもできます（武器使用の要件については、第4節で説明します。）。

　制止として行う実力行使は、その事態に応じて、必要な限度に限られます。事態が解消すれば終了しなければなりません。一時的に制圧し、他の場所に連れて行くことはできても、逮捕した場合のように継続的に拘束することはできません。どこまで連れて行くことができるかは、状況によって異なりますが、すぐに元の場所に戻ろうとするのであれば、簡単に戻れないように、警察署等にいったん連れて行くことも適法とされています。

　危険な状態でなくなった後は、措置を継続することはできません。取り上げた凶器についても、危険な状態でなくなり、かつ、その者が適法にその物を所持できるのであれば、相手方に返還をしなければならないのが法的な原則です（もっとも、凶器を戻せば再び危険な状態に容易になり得るという場合には、危険な状態でなくなったとはいえ

ず、取り上げた状態を当面維持し、説得によって承諾を得て廃棄する、本人の身近な他の人に預かってもらうといった措置をとり、危険な状態の解消を目指すことが適切だといえます。）。

4 犯罪発生後の制止

POINT
- 犯罪発生後には、継続中である限り、制止することができる。
- 法に規定された事前の制止とは異なり、対象となる犯罪は限定されない。
- 制止としてできる行為の態様は、法に規定された制止の場合と同じ。

　警察官職務執行法5条は、犯罪が発生する前に制止をすることができる場合を、人の生命、身体に危険を及ぼすおそれのある場合と、財産に重大な損害を及ぼすおそれがある場合とに限っています。これは、実際に犯罪が行われていない段階での介入であるので、100％起きるとは断言できない（犯罪をする気はなかった者に物理的な拘束を加えることになってしまう可能性がある）ので、強制をするのは、人の生命や身体のようにどうしても守らなければならない場合（財産の被害は大きな被害が起きる場合）に限ることとし、それ以外は起きてしまってから対処すればそれでいいという考えによるものです。

　これに対し、実際に犯罪が起きてしまえば、状況は全く違ってきます。犯罪が起きているのであれば、現行犯逮捕を含む措置をとることができるのですから、法律に規定はありませんが、制止をすることもできるものとされています。警察官が犯罪発生後に5条の規定の対象にならない犯罪について強制力を使って制止したことが争われた事件の裁判では、犯罪が継続している間は、必要な範囲で制止ができるとして適法とされています。

制止として行うことのできる行為は、3で述べたものと違いはありません。犯罪状態が解消すれば、その後もすぐに犯罪を繰り返すような言動があるときを除き、強制措置を終了することになります。

第3節　立入り

1　意味と目的

POINT

●危険時の立入りと公開の場所への立入りについて規定。

●危険時の立入りは、人を守るためのもので、物理的強制として行うことができる。

●公開の場所への立入りは、管理者に対して認めるよう要求する権限。

●関係者の正当な業務を妨害してはならないことと理由の告知等が規定。

　警察官職務執行法6条は、1項で危険な事態における強制としての立入権限を規定し、2項で公開の場所における管理者に対して立入りを認めるよう要求する権限を規定しています。1項の立入りは、人の生命、身体等の危害防止の上で緊急に必要がある場合に限って、強制的立入り（物理的な強制を伴う立入り）を認めたもので、個人の保護のためのものです。これに対し、2項は、公開の場所について、一般的な犯罪予防や個人の被害防止のための警察の活動として、警察官が立ち入って警戒等を行うことができるように、管理者に認めるように要求することができるものとし、要求を受けた管理者が正当な理由がなければ拒むことができないことを定めたものです。同じ「立入り」という言葉を使っていても、1項と2項とは、目的を含めて大きく異なっています。

危険時の立入り（1項）………… 強制
公開の場所への立入り（2項）… 管理者へ要求する権限

　立入りとは、誰かの管理する場所に入ることです（誰も管理してい
ない出入り自由の場所に入るのは、警察官も当然行うことができるこ
とで、立入りとはいいません。）。立入りに関して、危険時及び公開の
場所以外の場合については、警察官職務執行法は規定していません。
建物や場所を管理している者の承諾があれば、任意の活動として立ち
入ることは可能です。もっとも、個人宅のように私的な場所について
は、相手方の要請があったときは別として、110番通報に対応するなど、
立ち入らないといけないような必要性があるときに限って承諾を求め
ることになります。承諾を得ようとして行う説得についても、必要性
の程度に応じて異なってきますが、私的な性格が強い場所ほど、行き
過ぎとされやすいことに注意する必要があります。

　6条3項には、警察官の立入りに際しては、「みだりに関係者の正当
な業務を妨害してはならない」ことを定めています。規定の上では、
1項の場合も2項の場合もともに対象になりますが、危険時の立入り
は、人の生命、身体又は財産に対する危害が切迫している場合なので、
必要な場合に立ち入るのが当然であって、関係者の正当な業務を妨害
するかどうかを考慮することは実質的にありません。2項の公開の場
所への立入りの場合に限って、意味があるものとなりますので、4（公
開の場所への立入り）の中で説明をします。

　6条4項では、求められた場合には、理由を告げ、身分を示す証票
を呈示することを警察官に義務付けています。5で説明します。

2 危険時の立入りの要件

POINT

- 危険な事態において、危害を防ぐため、強制として立ち入ることができる警察官の権限。
- 4条と5条の危険な事態があり、危害が切迫し、やむを得ないときに限られる。
- 人の生命、身体又は財産に危害を及ぼす犯罪以外の犯罪は、発生後も対象にならない。

　警察官は、危険な事態において、人の生命、身体等への危害を防ぐために、どんな場所にも、強制として立ち入ることができます。まず、この項では、要件について説明します。

　危険時の立入りが可能なのは、4条と5条の危険な事態が発生し、人の生命、身体、財産に対し危険が切迫した場合で、その危害を予防し、損害の拡大を防ぎ、被害者を救助するために、やむを得ないと認めるときです。

　4条の危険な事態（人の生命若しくは身体に危険を及ぼし、又は財産に重大な損害を及ぼすおそれのある天災、事変、工作物の損壊、交通事故、危険物の爆発、狂犬、奔馬の類等の出現、極端な雑踏等危険な事態）又は5条の危険な事態（犯罪がまさに行われようとする事態）が発生し、「人の生命、身体又は財産に対し危害が切迫した場合」が対象となります。「危害が切迫」しているというのは、何らかの具体的な実力的措置をとらなければ、人の生命、身体又は財産に対する危害の発生や拡大を避けられないような状況になることを意味します。4条で定める強制としての避難等の措置、5条で定める制止をすることができる場合が当たると考えられます。

　個人の家を含めてどんな場所にも強制として入ることができるのですから、それだけの必要性がなければならないことは当然です。「危害を予防し、損害の拡大を防ぎ、又は被害者を救助するため」やむを得

ない場合に限られます。外から警告すればおさまるような事態であれば、外から警告をして終わらせればいいのであって、中まで立ち入る必要はありません。もっとも、急を要する事態なのですから、人の生命や身体、財産に対する重大な損害を防ぐのに現実的に役立つほかの手段がすぐにはないなら、「やむを得ない」と判断することができます。なお、財産に対するそれほど重大でない損害の場合には、「やむを得ない」とはいえないということになるでしょう。

　4条又は5条の危険な事態がある、人の生命、身体、財産に対する危害が切迫している、強制立入りをすることがやむを得ない、という警察官の判断は、警察官の思い込みで、根拠もなしに行ってはなりません。周囲の事情を踏まえて、客観的合理的に行うことが求められます。もっとも急を要するのですから、じっくり調べて判断するわけにはいきません。目の前の状況を基に、人の生命や身体などを守るという観点で必要だといえるかを判断することになるのが一般です。もし事前の情報があった場合には、それを含めて判断をすることは当然に可能です。該当するという判断が合理的なものであれば、結果として間違っていたとしても、立入りが違法になることにはなりません。

　3条の保護を要する場合は対象とされていません。もっとも、精神錯乱者が他人に危害を加えようとしている場合には、「犯罪」による危険な事態として、立入りの対象になります（心神喪失者の行為もこの法律の「犯罪」として警告・制止が可能なことは、前節で説明しています。）。

　人の生命、身体又は財産に対する危害から守るための権限なので、人の生命、身体、財産に危害を加えない犯罪は、発生後も対象となりません。前節4で、犯罪発生後は、人の生命、身体、財産に危害を加えないような犯罪であっても制止ができることを説明しましたが、犯罪発生後であっても立入りをすることは認められません。立入りは、犯罪の制止とは異なり、犯罪をしている者の権利や自由が制限されるだ

けでなく、その場所に関係する人すべての権利や自由を制限する（そこに居る人、住んでいる人などのプライバシーを侵害することになります。）行為であり、法律の根拠規定がないのに、行っていいとはいえないからです。現行犯逮捕のために立ち入ることが必要な場合には、刑事訴訟法（220条）に基づいて行われることになります。

3　危険時の立入りの実施

POINT

- 強制として、物理的な力を使って立ち入ることができる。
- 合理的に必要と判断される範囲を超えてはいけない。
- 立ち入った後の措置は限定されず、現行犯人がいれば逮捕も可能である。

　2で述べた要件を満たした場合には、強制としての立入りをすることができます。法律の規定には、「他人の土地、建物又は船車」と書いてありますが、それ以外も含めて、管理されているあらゆる場所が対象となります（入ることができないのは、外国の大使館や領事館のような国際条約に基づく特別な場所だけです。）。

　強制としての立入りですから、実力で行うことができます。相手方の抵抗があれば排除し、必要な場合には物を壊すことも可能です。走行中の自動車に立ち入ることが必要になるときには、強制的に停止させることができます。事案が起きている場所に行くのに他の場所を通らないといけないときは、この立入りに付随するものとして、強制的に入り、通過することができます。

　立ち入ることのできる場所の範囲については、合理的に必要と判断される限度であることが、法律で規定されています。承諾を得ないで、立ち入ったついでに他の場所にも入っておくというわけにはいかない

のです。

　6条3項で「みだりに関係者の正当な業務を妨害してはならない」と規定されていますが、危険時の立入りに際して必要な範囲に立ち入ることは、それが関係者の業務にとって大きな支障となる場合であっても、行うべきものであり、「みだりに」妨害することにはなりません。

　立ち入った後の行動については特に規定されていません。4条の事態であれば4条の避難等の措置、5条の事態であれば犯罪の制止と被害者の救出が一般的に想定されますが、それらには限定されません。警告ができるのは当然ですし、精神錯乱者が暴れているのであれば、3条の保護の措置をとることができます。職務質問をすることもあるでしょう。現行犯人を認めた場合には、現行犯逮捕をすることもできます。立ち入った後に、危害防止、損害の拡大防止、被害者の救出という目的が達成された後は、退出すべきことは当然です。もっとも、現行犯逮捕をした場合には、逮捕に伴う捜索・差押えが終わるまでは、その場に居続けることができます。

　危険時の立入りは、人の生命、身体、財産に対する危害が切迫している場合に、危害を防ぎ、損害の拡大を防ぎ、被害者を救出するために行われるものです。犯罪捜査などそれ以外の目的のために行うことはできません。立ち入った後に現行犯逮捕とその後の手続をとることができますが、全体として、危害防止等を口実として犯罪捜査のために立ち入ったとされれば、立入りを含めて違法とされるのですから、そう思われることがないように、十分な注意が必要です。

4　公開の場所への立入り

POINT

- ●公開の場所について警察官は管理者に立入り を要求することができる。
- ●公開時間中であれば、立入要求は可能である。 特別の事情を要しない。
- ●管理者は警察官の要求に応ずる義務があり、正 当な理由なく拒否することはできない。

　6条2項は、公開の場所への立入りについて定めています。法的には、警察官は立入要求権限を持ち、管理者が承諾する義務を負う、と構成されています。

　対象となるのは、「多数の客の来集する場所」、つまり、不特定多数の外来者が出入りすることができる公開の場所です。「興行場、旅館、料理屋、駅」が例示に挙げられています。電車、バス等の公共交通機関、デパートなどの店舗、ホテル、遊園地、ゲームセンターなどの遊技場、イベント会場などが広く含まれます。入場料金をとっているかどうかは関係ありません。なお、これらの中には、事実上誰もが自由に入れる場所が含まれていることがあります。警察官がそこに入ること自体は承諾を待つ必要はありません。しかし、施設の管理権のある者から、入る理由等の説明を求められ、あるいは入らないように求められた場合には、この規定に基づいて、立入りを要求し、5で述べる理由を説明して、相手方の承諾を得ることになります。

　同じ施設の中であっても、非公開部分（例えば、ホテルの客室、飲食店の厨房、駅の事務室など）については、この規定の対象になりません。

　対象となるのは、公開時間中に限られます。施設側の定めている営業時間外であっても、現実に不特定多数の者がいる間は、公開時間中に含まれます。

立入要求は、「犯罪の予防又は人の生命、身体若しくは財産に対する危害予防」を目的として行われます。不特定多数の出入りする場所では、犯罪や人が被害を受ける事態（事件だけでなく事故を含みます。）が起きる可能性があるので、公開の場所で公開時間中であれば、犯罪や人が被害を受ける事案が起きる具体的な危険をうかがわせるような事情がまったくなくとも、行うことができます。

　立入要求は、その場所の「管理者又はこれに準ずる者」に対して行うことになります。管理者から法的に管理権を任されたとはいえない相手でも、警察官が入ることを承認することのできる判断が事実上できれば足ります。例えば、遊園地の改札をしている人が内部的にどの程度の権限があるか分からなくても、そこを開けてくれれば入ることができるので、要求する相手方となります。もっとも、その者が自分では承諾できないとして、責任者に連絡をした場合には、その責任者に承諾を求めることになります。

　立入要求があった場合、管理者は正当な理由なく拒むことができないことが定められています。犯罪等の発生の具体的な可能性のあることが要求の要件ではないので、「犯罪等の発生の具体的な可能性がない」ことは正当な理由に当たりません。公開時間中でないことや、特定の集団だけの貸し切りになっていることのように、実質的に公開でなくなっていることは正当な理由になりますが、それ以外の正当な理由は通常は考えられません。

　入場料金が設定されていても、警察官は、犯罪の予防や個人の被害防止という職務を遂行するために入るので、その施設が提供するサービスを利用するわけではありませんから、入場料金を支払う義務はありませんし、警察官が入場料金を払わないことは拒否する正当な理由に当たりません。

　もっとも、この規定は、管理者に承諾する法的な義務を負わせただけであり、1項の危険時の立入りのような強制を認めたものではあり

ませんし、罰則や承諾をさせるための法的な仕組みは特に設けられて
いません。承諾を拒否された場合、警察官としては、法的義務を果た
すように相手方に強く求め、不承諾が違法であることを明確に示した
上で、説得することで対応することになります。

　立ち入った警察官は、犯罪の予防又は生命、身体、財産に対する被
害を防ぐために、各種の法令によって与えられた権限を行使し、警察
の責務達成のために必要な活動をすることになります。立ち入ったこ
とで、何らかの制約が生ずることはありません。犯罪の捜査の目的で
立ち入ることはできませんが、立ち入った後に犯罪を認知した場合に
は、必要な捜査をすることができます。

　6条3項で、警察官は、立入りに際して、「みだりに関係者の正当な
業務を妨害してはならない」ことが定められています。2項の立入り
は、1項の危険時の立入りの場合のような緊急性はなく、一般的な犯
罪予防・個人被害防止の観点から行われるものなのですから、立ち入
られる側の正当な業務を妨害することのないように、十分気を付けな
ければなりません。もちろん、犯罪行為や違法行為が行われている場
合にそれを取り締まることは、関係者の正当な業務を妨害するもので
はありません。

5　理由の告知と証票の呈示（提示）

POINT

●管理者等から要求があった場合、警察官は、理由を告げ、証票を呈示する義務がある。
●危険時の立入り、公開場所への立入りのいずれの場合も対象となる。

　6条4項は、警察官は、「その場所の管理者又はこれに準ずる者から
要求された場合」には、理由を告げ、身分を示す証票を呈示しなけれ
ばならないことを定めています。管理者等の求めに応ずるものであっ

て、それ以外の従業員などからの要求には応ずる義務はありません。

　立入りの理由としては、1項の場合は「危険な事態が発生して危害が切迫しており、その予防等の必要がある」こと、2項の場合は「犯罪又は人の被害の予防の必要がある」ことを、それぞれ告げることになります。

　身分を示す証票は、警察手帳が一般的ですが、警察組織の発行した公式の身分証明書や記章（バッジ）でも該当します。呈示は、相手方が見ることができる状態に置いて示すことを意味します。相手方に渡す必要はありません。

　なお、「呈示」という文字は、昭和20年代に作られた法律で用いられていましたが、その後の法律では「提示」に統一されています（実質的な意味に違いはありません。）。

第4節　武器の使用

1　意味と目的

POINT

● 武器とは人を殺傷するための道具で、拳銃は当たるが、警棒、警じょうは当たらない。

● 武器の使用については警察官職務執行法7条の規定に従わなければならない。

● 拳銃を適正かつ的確に使用するために、拳銃規範が定められている。

　警察官職務執行法7条は、武器の使用について定めています。人に危害を加えない使用と危害を加える使用とに分けて要件が定められています。2で人に危害を加えない使用、3と4で人に危害を加える使用について説明します。

　武器とは、人を殺傷するための道具、つまり人を殺傷する目的で作

られ、実際にも人を殺傷する能力のあるものを意味します。警察官の拳銃が典型です。これに対し、警察官の使用する警棒、警じょうは、本来防御や制止のための道具であり、この規定が適用されることはなく、実力行使として必要な範囲で認められます。警棒で相手の足を払って打撲傷を負わせたとしても、この規定の適用がされることはありません。ただ、警棒を人の頭や顔を打ったり、胸や腹を激しく付くなど、人を殺傷するような方法で用いる場合には、その適否が問題となります。この規定の適用はなくとも、3と4で述べる人に危害を加える使用の考え方に準じることが想定されます（少なくとも、3又は4の要件を満たしていれば、適法だといえます。）。

　武器の使用については、すべてこの規定に従わなければなりません。この規定にない事態で武器の使用が認められることはありません。

　武器の使用は、逮捕や犯罪の制止など、強制となる警察活動をする際に認められる実力行使ですから、強制以外の活動に際して、武器の使用をすることはもちろん許されませんし、使用をすると告げることも心理的強制になるので違法になります。

　なお、当初は任意の活動であっても、相手方が警察官に暴行をふるってきたので、自分や周りの人を守り、あるいは犯罪の制止をする場合には、この規定に従って使用することができます。

　警察官の拳銃使用に関して、国家公安委員会が、警察官が拳銃を適正かつ的確に使用するため必要な事項を「警察官等拳銃使用及び取扱い規範」（拳銃規範）として定めています（皇宮護衛官も対象とするので「警察官等」となっています。）。拳銃規範は、国家公安委員会が、警察官の活動の基準として定めたもので、法律ではありませんが、法律の内容を具体化した部分と法律に規定のない運用方針や注意事項等を定めた部分とがあります。使用以外に取扱いについても定めています。平成13年に現在の拳銃規範が定められましたが、「できる限り使用しないようにする」とか「最後の最後の手段に位置付ける」という態度

ではなく、「法律の要件を満たした場合に適正に使用することができるようにする」という考えを基本にして、現場警察官の判断を助けるものとなっています。

2　人に危害を加えない使用

POINT

- ●拳銃の構え、威嚇射撃、物に向けての発射は、使用要件を満たすことが必要になる。
- ●犯人の逮捕、逃走の抑止などに必要と認める相当な理由がある場合が対象となる。
- ●強制手段であり、任意活動での「逃走」や「抵抗の抑止」は含まれない。
- ●その事態に応じ、合理的に必要と判断される限度に限られる。

人に危害を加えない使用には、拳銃を構えて威嚇すること、上空に向けて威嚇射撃をすること、物に向けて発射することがあります。これらは、以下に述べる使用要件を満たす場合に限って行うことができます。

なお、拳銃を拳銃入れから取り出す行為は、拳銃の使用には当たりません。

使用することのできる要件（使用要件）は、「犯人の逮捕若しくは逃走の防止、自己若しくは他人に対する防護又は公務執行に対する抵抗の抑止のために必要であると認める相当な理由がある場合」において、「その事態に応じ合理的に必要と判断される限度」と定められています。

「犯人の逮捕」とは、現行犯逮捕、通常逮捕、緊急逮捕のほか、勾留状の執行など刑事訴訟法又はその関連法律によって犯罪行為を行った者の拘束ができるとされている場合を意味します。「逃走の防止」とは、逮捕を免れようとして逃げる又は逮捕された者が身柄の拘束から脱出

しようとすることを防ぐことを意味します。職務質問の対象者がその場から逃れようとするのは、「逃走」には当たりません。「自己又は他人に対する防護」とは、職務執行中の警察官本人又は他の者の生命、身体及び財産の安全を確保することです。正当防衛に当たる場合のほか、緊急避難に当たる場合、避難等の措置や犯罪の制止などで安全を確保する上で強制としての実力行使ができる場合が該当します。「公務執行に対する抵抗の抑止」は、警察官の適法な公務の執行に対する妨害を排除することです。公務が任意活動の場合は、抵抗を物理的に排除することはできないので、武器を使用することはできません。警察官の職務執行に従うことが法的な義務になっていて、従わないことが処罰の対象となっていたとしても、直接強制を認めていないので、武器を使用することはできません。

武器の使用は強制手段

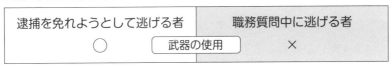

逮捕を免れようとして逃げる者	職務質問中に逃げる者
○ 武器の使用	×

　「必要があると認める相当な理由がある」とは、武器の使用が目的のために必要な合理的手段であると客観的に認められることを意味します。武器を使用しないでも他の手段で目的が達成できるならそうすべきものです。人に危害を加える使用の場合とは異なり、「他の手段がない」ことが明確な要件とされているわけではありません。他の手段で目的が達成できるかどうかはっきりしないときまで他の手段で行うべきだとはならないものといえます。

　逮捕状が発付されている者を発見した際に、抵抗や逃走をするような具体的な動きがなかったのに、いきなり拳銃を向けて、逃げるな、撃つぞと告げたことが、違法とされた例がありました。過去に関係者が警察官に暴行をふるって被疑者を奪還したことがあり、一緒にいる

者が拳銃の不法所持の逮捕歴があることを踏まえて、警察官5人が拳銃を所持して逮捕に向かった事案でしたが、抵抗や逃走の可能性を考慮して準備をすることは正当な活動でも、実際に拳銃を使用するのには、その場において、「必要があると認める相当な理由」がなければならず、そういった事情がないと使用はできないことが示されています。

　人に危害を加えない武器の使用として、どこまでが可能かは、「その事態に応じ合理的に必要と判断される限度」と定められています。拳銃を相手に向けて構えるのを超えて、威嚇射撃を行うのには、それだけの必要性が求められます。拳銃規範で「多衆を相手にするとき、相手に向けて拳銃を構えても相手が行為を中止しないと認めるときその他威嚇のため拳銃を撃つことが相手の行為を制止する手段として適当であると認めるとき」に「上空その他の安全な方向に向けて拳銃を撃つことができる」と定め、回数は必要最小限にとどめることとしています（7条）が、実質的に法の規定の意味を明らかにしたものといえます。拳銃規範では、拳銃を撃つ前に相手に予告することを基本としていますが、急を要して予告をする時間的な余裕のないときや予告することで相手の違法行為等を誘発するおそれのあるときは、予告することは不要とされています。

　人に危害を加えないように十分注意すべきことは当然です。もっとも、注意義務を十分尽くしたのであれば、結果として他の者に不可抗力的に危害を生じさせたとしても、この規定に反するものではありません。

3　人に危害を加える使用（正当防衛と緊急避難に際して）

POINT

●危害要件を満たしていないと人に危害を加えるような使用はできない。

●可能なのは正当防衛、緊急避難と一定の場合の逮捕等の場合に限られる。

●正当防衛としての使用は必要な状態であれば認められる。

人に危害を加える使用は、2で述べた使用要件に加えて、加害要件、つまり、正当防衛、緊急避難に当たるか、一定の逮捕等の場合のいずれかに当たらなければなりません。このうち、一定の逮捕等の場合については、要件が複雑なので、次の項で説明します。

人に危害を加える武器の使用（危害要件）

| 正当防衛 | 緊急避難 | 一定の場合の逮捕等 |

のいずれかに該当

正当防衛は違法な侵害に対して、自分又は他の者の身を守るためのやむを得ない行為です。いわば受け身の活動であり、武器の使用が必要であるなら、使わないという選択はありません。

正当防衛とは、「急迫不正の侵害に対して、自己又は他人の権利を防衛するため、やむを得ずにした行為」です（刑法36条）。警察官本人、他の警察官又は一般市民に対して、現に違法な加害行為が行われている、あるいはまさに今これから違法な加害行為が行われようとしているのに対して、警察官本人、他の警察官又は一般市民を守るために、攻撃者に対して適切なレベルの反撃行為をすることを意味します。前に加害行為があったとしても、既に終わっている場合には、正当防衛にはなりません。加害行為者に刑事責任能力があるかどうかは関係あ

りません。「やむを得ずにした」といえるためには、反撃行為が自分や他の人を守る防衛手段として必要最小限の適切なレベルのものであることを意味します。次に述べる緊急避難とは異なり、相手方への害が避けようとする害を下回ることが法的な要件とされているわけではありませんが、明らかに反撃行為の方が行き過ぎているときや他のより軽い反撃行為で対応できるのに重い反撃行為を行ったときは、「やむを得ずにした」とはいえなくなります（刑法では過剰防衛となります。）。

　相手方がどのような加害行動をとっているのか、重い被害を防ぐ上で緊急性が高いのか（今すぐ防衛行動をしないといけないのか）、相手方と警察側との実力の違いはどうか（他の手段で制圧できる可能性はどのくらいあるのか）といった具体的な事情の下で判断されることになります。一般市民の人命への危険があるときに、必要性があって加害者に向けて武器を使用することは、正当防衛の典型として認められます。警察官に対する加害行為も、危険性が高いものであるなら、正当防衛として武器を使用することができます。警察官の命が守られなければならないのは当然のことで、必要な場合に拳銃の使用を抑制すべきものではありません。

　重い被害を防ぐ上で緊急性が高い場合には、被害者の安全を優先しなければならないので、加害行為をしている者の身体の安全の確保を優先することはできません。慎重にすぎて被害が大きくなってしまったのでは、警察としての職責を果たしていないことになります。ねらいがずれて死亡させてしまったとしても、その場の状況ではやむを得ないとされるでしょう。真に必要なときは、加害行為をしている者をねらって射殺することも、正当な武器の使用として認められます。

　正当防衛は、加害行為をしている者に対して行うことであって、他の者に向けることはできません。他の者に対して行うのは、緊急避難の問題になります。

　緊急避難とは、「自己又は他人の生命、身体、自由又は財産に対する

現在の危難を避けるため、やむを得ずにした行為」であって、「これに
よって生じた害が避けようとした害の程度を超えなかった場合」を意
味します（刑法37条）。不正な侵害をした者への反撃である正当防衛の
場合とは異なり、「避けようとした害の程度を超えない」ことが厳格に
求められていますし、他に手段がないことも厳しく要求されます。加
害行為をしている者以外を対象にして、人に危害を加える武器の使用
をすることが必要になるのは、通常はありません。動物から人を守る
ために武器を使用するのは、その所有者との関係で緊急避難に当たり
ますが、人に危害を加える使用には当たりません。また、動物を使っ
て人を攻撃している者がいる場合にその者に向けるのは、加害行為者
に対するもので、正当防衛の問題になります。一応考えられるのは、動
物による危害があってその動物に向けて武器を使用しようとする際に、
その動物の近くにいる者が動物に向けた警察官の射撃のジャマになっ
ているときに、その者に危険を及ぼすことも含めて動物を撃つといっ
たケースです。その者が意図的に動物を使って攻撃していることが
はっきりしていないと正当防衛には当たりませんが、動物によって人
の命が現に危険にさらされている場合で、その場を離れるように警告
したのにそうしないときには、その人への危害になったとしても、拳
銃を撃たなければならず、その行為が緊急避難として認められるとい
うことになります。

　なお、警察官のように危険に従事する業務上特別の義務のある者に
は緊急避難の規定が適用されないことが刑法で定められていますが、
同僚警察官が襲われている場合のように、警察官の命に関わる問題が
明らかであるときまで緊急避難を認めない趣旨ではなく、上記のよう
なケースでの使用は否定されないと考えられます。

　正当防衛、緊急避難に当たる武器の使用は、この規定の要件を満た
すものですから、法令に基づく行為として行われます。したがって、
武器の使用によって人を殺傷することは、刑法上は、正当防衛、緊急

避難としてではなく、正当行為として処罰されないということになります（刑法35条）。

4 人に危害を加える使用（逮捕等に際して）

POINT

●犯人逮捕（現行犯の制止を含む。）に際し、抵抗、逃走を抑止し、逮捕するための使用。

●武器を使用する以外の手段がないと本当にいえるときに限られる。

●逮捕状による逮捕以外では、対象犯罪が重大凶悪な犯罪に限定される。

●事態に応じて合理的に必要とされる限度を超えた使用は許されない。

犯人逮捕や制止に際して、相手方が抵抗、逃走しようとする場合に、抵抗、逃走を抑止し、逮捕するために武器を使用するものです。正当防衛の場合とは異なり、要件が限定的なものとされ、「武器（拳銃）を本当に使用しなければならなかったのか」が問われることになります。

犯人が逮捕を免れようとして、警察官に抵抗し、又は逃走しようとする場合が対象ですが、犯人以外の者が犯人を逃そうとして警察官に抵抗するときも含まれます。犯人を逮捕するのは、警察の重要な職責であり、目の前の犯人に抵抗され、逃走されてしまっては、警察の責務を果たすことができません。逮捕という強制に当たって、拳銃を使用する旨を告げて警告し、抵抗、逃走を断念させることができますし、2で述べたように、必要があれば拳銃を構える、さらに必要なときは威嚇射撃をすることも認められます。

しかし、それを超えて、相手方に危害を加える使用をするのは、「逮捕するには拳銃を使用する以外に可能な方法はない」と本当にいえる場合でなければなりません。抵抗、逃走を防ぎ、逮捕するために「他

に手段がないと警察官において信ずるに足りる相当な理由がある」場合でなければならないことが、法律で明確に定められています。

　逮捕状による逮捕の場合、犯罪の限定はありません。どのような犯罪の犯人を逮捕する場合でも、逮捕状が発付されていれば、対象になります。逮捕状を保持していない緊急執行の場合も当然に含まれます。この規定の「逮捕状」には、勾留状などの犯人の身柄を拘束する他の令状を含みます。

　これに対し、逮捕状が発付されていない犯人については、重大で凶悪な罪を犯した者の場合に限られます。重大な犯罪とは、死刑、無期、長期3年以上の懲役・禁錮（令和7年以降は拘禁刑）に当たる罪、つまり緊急逮捕可能な犯罪を意味します。重大な犯罪でも、「凶悪」なものでなければ対象になりません。重大で「凶悪な罪」については、拳銃規範で、ⅰ不特定多数の人の生命、身体を害し、又は重要な施設、設備を破壊するおそれがあり、社会に不安を生じさせる罪（内乱、放火、爆発物取締罰則など）、ⅱ人の生命又は身体に危害を与える罪（殺人、傷害）、ⅲ人の生命又は身体に対して危害を及ぼすおそれがあり、かつ、凶器を携帯するなど著しく人を畏怖させるような方法によって行われる罪（強盗、凶器を携帯した住居侵入、人の住居等への侵入窃盗など）が列記されています。公務執行妨害罪については、長期が3年なので重大な犯罪に含まれますが、「凶悪な罪」に当たるのは、「団体若しくは多衆の威力を示し、凶器を示し、又は格闘に及び程度の著しい暴行によって行われる」ものとされています（2条2項3号ハ）。

　これらの重大で凶悪な罪を現に犯した者と既に犯したと疑うに足りる十分な理由がある者がその者に対する警察官の職務の執行に対して抵抗し、逃亡しようとするときが対象です。第三者が逃そうとして抵抗する場合も含まれます。警察官の職務執行は、現行犯逮捕、制止、緊急逮捕という強制に限られるのは当然のことです。

　拳銃の使用要件に加えて、これらの加害要件を満たすときに、人に

危害を加える武器の使用が認められますが、認められる範囲は、合理的に必要な範囲、最小限のものでなければなりませんし、事態に応じて、可能であれば、適切な順序を経た上で行うべきものといえます。発射することを予告する、威嚇射撃をする、それでも止めないので相手方に向けて発射するのが一般的に想定されます。もっとも、それらをする意味がなかったり、することが困難だったり、するとかえって事態を悪化させるとき、することで別の危険をもたらすときにまで、予告や威嚇射撃を求めるものではありません。拳銃規範は、「事態が急迫であって予告するいとまのないとき又は予告することにより相手の違法行為等を誘発するおそれがあると認めるとき」には予告を不要とし（６条）、「事態が急迫であって威嚇射撃をするいとまのないとき」、「威嚇射撃をしても相手が行為を中止しないと認めるとき」又は威嚇射撃が「周囲の状況に照らし人に危害を及ぼし、若しくは損害を与えるおそれがあると認めるとき」には、人に向けた射撃に先立って威嚇射撃をすることを要しないものとしています（７条）。

　射撃に当たっては、相手以外の者に危害を及ぼし、又は損害を与えないように、「事態の急迫の程度、周囲の状況その他の事情に応じ」、必要な注意を払うことが求められます（８条）。

　射撃に当たっては、致命的な影響を与えない部位を狙うこととなります。正当防衛の場合とは異なり、犯人を捕まえて刑事手続を進めていくことが目的なのですから、相手を射殺してしまうことは目的に反するものとなります。

　犯罪者が抵抗し、逃走をしようとしている中で射撃するのですから、ねらいとは別の体の部位に当たることもあり得ます。それをすべてなくすことはできません。刃物を持った者による公務執行妨害で腕をねらって発射したが、相手が動いたために胸に当たって死亡したといった事例では、結果的にそうなったとしても違法ではないとされています。

もっともそれほど重大な犯罪でない犯人を逮捕状によって逮捕しようとする場合に、本人への危害の程度が大きくなる可能性のある状況の下でも、逮捕するには他に方法がない限り常に武器を使用していいとまではいえません。凶悪な犯罪の犯人を見過ごすと、次の事件で人を死傷させる危険がありますから、他に逮捕できるための手段がない場合には、武器を使用してでもその場で逮捕すべきものといえますが、逮捕状による逮捕が社会公共の利益であるからといって、実質的な必要性、緊急性がそれほど高いといえない場合にまで、人が死亡し、あるいは重い障害を負うような結果を招いてもいいとまではいえないからです。規定に明記されていませんが、そういう社会的相当性も求められているといえます。

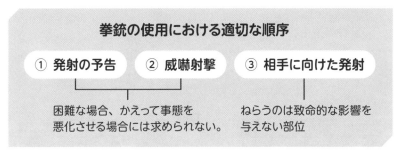

拳銃の使用における適切な順序

① 発射の予告　　② 威嚇射撃　　③ 相手に向けた発射

困難な場合、かえって事態を
悪化させる場合には求められない。

ねらうのは致命的な影響を
与えない部位

確認質問

解答・解説はこちらから▶

- □ 犯罪がまさに行われ、個人の生命等に危険が及ぶと判断して制止したが、元々その者は犯罪をするつもりがなかったとき、制止が違法とならないか？
- □ 犯罪の制止と逮捕とでどのようなところが異なるのか？
- □ 人の生命、身体、財産に害を及ぼす犯罪以外の犯罪について、犯罪が起きた後の制止は認められるのに、強制としての立入りが認められないのはなぜか？
- □ 危険時の立入りをした後に、犯罪捜査をすることは認められるのか？
- □ 警棒の使用についてどのように考えるべきか？
- □ 公務執行妨害に際して拳銃の使用が可能なのはどのような場合か？

発展質問

解答・解説はこちらから▶

- □ 4条の危険な事態だと誤って判断した場合は法的にどのように評価されるのか？
- □ 4条の権限不行使を違法としたものにどのような例があるか？
- □ 犯罪をする前に制止をする方が、被害が起きず、本人も刑罰を問われないので、社会のためにも、犯罪をしようとする本人のためにもいいことなのに、なぜ限定しているのか？
- □ 発生後の犯罪の制止には法律の根拠がないが、強制ができるの

は問題ないのか？

□ 立入りが憲法35条との関係で問題とされることはないか？

□ 家庭内の暴力事案でも立ち入ることができるか？

□ 危険な事態になっている可能性がかなりあるとは思うが確信
　まではないときはどうすればよいか？

□ 武器（拳銃）を使用しないでも他の手段で目的が達成できると
　いえるかどうかは、どのように判断するのか？

□ 危害を与えた拳銃の使用が違法とされたのはどのような場合
　か？

第 **5** 章

車両運転者に対する措置

　この章では、車両の運転者に対する措置について、車両の停止措置、交通違反への対処、危険な事態・事故時の措置の順に説明します。

　なお、道路交通法では、自転車などの軽車両も車両に含まれていますが、この章では、自動車と原動機付自転車に限定して説明をします（自転車については、第2章第3節で説明しています。）。

第1節 車両の停止措置

1 警察官職務執行法に基づく停止

POINT

- 警職法2条1項の質問の要件に当たることが分かる場合に限られる。
- 停止を求める権限が法律で認められている。
- 強制ではないが、状況に応じ、ある程度の実力行使が認められる。
- 車から引きずり出すような行為は認められない。

　走行中の車両の運転者又は同乗者について、警察官職務執行法2条の質問（職務質問）の要件を満たしていることが分かる場合には、この規定に基づいて、質問をするために、車両の停止を求めることができます。同乗者に質問をする必要がある場合にも、運転者に対して停止を求めることになります。

　対象となるのは、警察官職務執行法2条1項で規定されているとおり、「異常な挙動その他周囲の事情から合理的に判断して何らかの犯

罪を犯し、若しくは犯そうとしていると疑うに足りる相当な理由のある者」又は「既に行われた犯罪について、若しくは犯罪が行われようとしていることについて知っていると認められる者」が乗っていると認められる車両です。法律の要件は第2章第1節で説明していますが、盗難車両が走行している場合、手配車両に類似する車両が走行している場合、車両の外観や走行方法に不審な点がある場合等が該当します。犯行場所方向から走行してきた車両の場合には、状況によって、犯罪をしたか、あるいは知っていると合理的に判断できることがあります。例えば、犯行場所と距離、時間が近くて、走行してくる車両が少ないときは、該当する可能性が高まるでしょう。これに対し、犯行場所方向から走行してくる車両が多い場合には、それだけで2条1項の要件を満たしているとはいえないので、2で述べる車両検問の対象になります。また、交通法規違反をして警察官の指示で停止した車両が、その後突如として高速度で逃走を企てたことで、「何らかの犯罪を犯した疑い」があると判断されています。

　警察官職務執行法に基づく車両に対する停止の要求は、合図を送り、又はマイクで告げることで行われるのが通常ですが、応じない場合は、追跡して誘導する、状況に応じて、前後からはさみうちにすることも認められます。いったん停止した車両を発進させようとする場合には、状況によって、前後を警察車両で囲んで動けなくする、車止めを使う、さらにはエンジンスイッチを切ることも認められています。

警職法2条1項に基づく停止

異常な挙動その他周囲の事情 から合理的に判断

何らかの犯罪を犯し、若しくは犯そうとしている

と疑うに足りる相当な理由のある者

既に行われた犯罪について、若しくは犯罪が行われようとしている

ことを知っていると認められる者

職務質問で認められる実力行使は、一時的で軽度のものに限られるのであって、強制になってはいけませんし、具体的な状況の下で、相手方の不利益を上回るだけの必要性がある範囲に限られます。車両の場合は、歩行者に対する場合と比べ、逃走手段としての力が強いことと、人の身体に対する実力行使ではないこと、急発進による警察官を含めた人への危害を防止する必要があることから、認められやすい傾向にあるといえます。もっとも、エンジンスイッチを切ったことについて、逃げ出そうとする状況がなかったことから、他の方法（助手席への乗車）でも逃走を防止できたとして、違法とされた例もあります。

　実力を行使できるのは、質問ができる状況を確保するために、車両を止め、その場から他のところに行かないようにするところまでです。車両から対象者を引きずり出すような行為は認められません。

　また、停止が認められても、長時間にわたることが認められないのは、歩行者等に対する職務質問の場合と同じです。ある程度の時間がたてば打ち切らなければなりません。車両内で証拠を探すのであれば、早期に捜索差押許可状を請求し、留め置きの時間を短くするように努める必要があります。

　なお、警察官の職務質問から逃れようとして、車両を走行させ、その過程で道路交通法違反を犯す場合もあります。道路交通法違反に対する措置については、第2節で説明しますが、警察官は、対象者に対して、職務質問の不審者として接するのか、道路交通法違反事件捜査の被疑者として接するのかを、区分することが求められますし、道路交通法違反事件捜査を元の職務質問の事案に利用するものと受け止められることのないように注意しなければなりません。

2　車両検問

POINT

- ●職務質問の要件のない車両に停止を求め、短い間、質問等を行うもの。
- ●任意の協力を求める形で、自由を不当に制約する方法、態様にならない範囲に限られる。
- ●警職法の対象車両に対するような実力行使はできない。

　犯罪の予防や捜査（交通取締りを含む。）のために、職務質問の要件を満たしていない走行中の車両に対して、一律に停止を求めて、短い間、乗っている者（運転者、同乗者）に質問や観察等をする車両検問（自動車検問）が行われています。交通安全・交通秩序の維持のための交通検問、テロ等防止のための警戒検問などです。具体的な法律の根拠はありませんが、任意の活動であり、警察の責務達成上の必要性が相手方に与える不利益を上回る範囲であれば、法律の根拠がなくとも認められます。

　最高裁判所は、交通検問の適法性が争われた事件で、「交通違反が多発する地域等の適当な場所」において、「短時分の停止を求めて、運転者などに必要な事項について質問等を行う」ことは、「それが任意の協力を求める形」で行われ、「自動車の利用者を不当に制約することにならない方法、態様」で行われる限り、適法であるとの判断を示しています。この考え方は、交通検問だけでなく、警戒検問などについても当てはまります。

　「任意の協力を求める形」で行われなければならないのですから、動作等によって停止を求めることはできても、停止のための実力行使はできません。車両の運転者（警戒検問の場合には同乗者を対象にすることもあります。）に対する質問や観察等も短い間で行い、一般的な場合には、追及、説得をすることも、過剰な負担を求めるものとなっ

てしまいます。もっとも、通常の検問とは異なる事情があり、公益上の必要性が高い場合には、説得等をすることも認められます。

車両検問

交通違反が多発する地域等の適当な場所
短時分の停止、必要な事項の質問
▼
任意＋自動車の利用者を不当に制約しない方法、態様

　車両検問で停止を求めた車両が停止をしなかった場合、そのことだけでは職務質問の要件を満たすことにはならず、停止のための実力行使をすることはできません。しかし、停止しかけて異常な急発進をした場合や、停止しなかったことと、その場の状況等とを合わせると「何らかの犯罪を犯し若しくは犯そうとしていると疑うに足りる相当な理由」があると判断できる場合があり、そういった場合には、1で述べた警察官職務執行法の停止のための措置をとることができるようになります。

　質問や観察の結果、不審点があって「何らかの犯罪を犯し若しくは犯そうとしていると疑うに足りる相当な理由」があると判断された場合には、質問を継続し、応ずるように説得し、発車するのを阻止することができることは、1で説明したとおりです。

3 道路交通法に基づく停止命令

- ●道路交通法で交通の危険防止のために必要な場合の停止命令を規定している。
- ●過積載、乗車等の危険防止に特に必要なとき、整備不良車両、無免許運転等が対象。
- ●停止命令に応じないと罰則の対象で、物理的強制はできないが強い説得は可能。
- ●命令に応じないという犯罪を理由とした逮捕、制止のための強制力の行使は可能。

　道路交通法は、交通の危険を防止するために、次の四つの場合に、警察官が走行中の車両に対して停止を命ずることができることを定めています。過積載と認められるとき、乗車等の危険防止に特に必要なとき、整備不良車両を走行させているとき、無免許運転、酒気帯び運転及び過労運転等をしているときです。命令違反は、いずれも3月以下の懲役を含む刑罰の対象とされています。警察官現場指示違反は、反則行為の対象にはならず、すべて刑事手続の対象となります。

　一つ目は、過積載（積載物の重量制限を超える積載）をしていると認められる車両が運転されているときです（58条の2）。停止した後の措置（重量測定等）については、第2節で説明します。

　二つ目は、警察官が、車両の乗車、積載又は牽引について、危険を防止するために特に必要があると認めるときです（61条）。トラックの荷台に人が乗っていて危ない状態のまま走行している、貨物自動車の貨物が落ちかかっている、牽引しているロープが伸びすぎているなど、そのまま放置しておくと危険を生ずるおそれがあることが明らかな場合を意味します。実際に危険が生ずるおそれがあれば、違法な状態でなくとも該当します。停止した後の措置については、第3節で説明します。

三つ目は、整備不良車両に該当すると認められる車両が運転されているときです（63条）。整備不良車両とは、道路運送車両の保安基準に適合しない車両のことです。法律の条文には、適合しないために、「交通の危険を生じさせ、又は他人に迷惑を及ぼすおそれがある」ことを要件として定めていますが、記録する装置に関するものなどを除けば、ほとんどの保安基準の規定は、交通の危険や他人に及ぼす迷惑を防止する目的で定められているので、違反した場合にはこの要件を満たすものといえます（基準に違反していれば、具体的な危険や迷惑があったことを明らかにしなくても取締りの対象となるということです。）。停止した後の措置については、第2節で説明します。

　四つ目は、運転者が無免許運転、酒気帯び運転、過労運転等を行っていると警察官が認めるときです（67条）。停止させた後の措置については、第2節で説明します。

　これらの規定に基づいて、停止するよう警察官が命じたにもかかわらず、それに従わなかった場合には、刑罰の規定が置かれています。これらの規定は、直接警察官が実力を行使して停止させるところまでを認めたものではありません。もちろん、相手方は法的に停止する義務を負っているのですから、強制にならない限度であれば、通常の場合以上に強く説得することができます。

　また、停止命令違反行為は犯罪であり、交通反則制度の適用もないのですから、現行犯として逮捕することができますし、第4章第2節で説明したように、犯罪を行っている場合の制止として、逮捕に代えて制止をすることもできます。逮捕や制止は直接強制ですから、物理的に止めることも可能になります。ただし、その直接強制は、これらの命令の規定を根拠とするのではなく、命令違反を罰する規定と刑事訴訟法並びに現行犯の場合に制止ができるという法的考え方によって行われるということに注意することが必要です。

　なお、無免許運転、酒気帯び運転及び過労運転等の場合、一回止まっ

た車両の運転者がまた運転をしようとするときに応急措置として止めることが認められていますが、この規定は、直接強制まで認めたものとされていますから、その場合には応急措置としての停止を強制として行うことができます。これについては、第2節で説明します。

第2節　交通違反への対処

1　責任追及と違法継続・危険の防止

POINT

● 違法な状態の解消と違反に対する責任追及の根拠となる資料収集が必要になる。

● 違反の多くは刑罰対象なので、犯罪捜査と運転免許行政上の調査が一体として行われる。

● 道路交通法の権限は基本的にその時点の違法継続防止、危険防止が目的。

　道路交通法は、主として、交通の安全の観点から、ルールを定めています。ルールが守られないと、交通事故の危険が増し、安全でなくなります。交通違反が見過ごされてはいけません。警察官は、道路交通法に違反する行為や違法な状態（違法駐車車両など）を発見した場合には、その行為を止めさせ、違法な状態を解消させることが求められます。

　道路交通法は、交通ルールが守られるようにするために、違反の多くについて、刑罰の対象としていますし、重い違反をした者や違反を繰り返す者に運転免許上の処分をすることとしています（運転免許に関しては、第7章第1節で説明します。）。ルール違反者に対して警察が責任を追及することは、多くの人がルールを守る状態を維持する、それによって人々の安全を確保する上で、大変に重要なことです。責任追及には、相手方からの争いに対応できるように、根拠となる資料を

収集しておかなければなりません。刑罰対象行為の場合、刑事上の処分のための根拠資料の収集は、犯罪捜査として行われます。運転免許上の処分についても、犯罪とされていない行為の場合を除き、現認結果報告など犯罪捜査と一体として調査が行われるのが通例です（交通事故の場合の免許上の処分では、警察官の現認がなく、犯罪捜査として収集された資料が根拠として用いられます。）。

　道路交通法違反で刑罰の対象となるもののうち、反則行為に当たるものについては、反則告知が現場の警察官によって行われるなど、一般の刑事事件と異なる手続がとられます。酒気帯び運転や大幅な速度超過などは反則行為ではなく、通常の刑事手続がとられます。

　なお、現場で出頭日時場所の指定が行われることが道路交通法で規定されています（109条）。

　点数告知のみが行われる点数切符（いわゆる白切符）の対象となるシートベルト着用義務違反（一般道の場合は後部座席は除かれます。）、チャイルドシート使用義務違反と二輪車及び原付の乗車用ヘルメット着用義務違反については、運転免許上の処分の対象ですが、刑罰対象とはなっていません。ですから、犯罪捜査としての資料収集はできません。警察官の現認報告など個別の法律の根拠のない事実行為のみによることになります。

　放置すれば違反状態が継続してしまう違反や、飲酒運転のように次にも行う危険を防ぐ必要のある違反の場合には、継続させないため、あるいは次に行う危険を防ぐための権限が警察官に与えられています。道路交通法で、現場で事実の確認をする権限を警察官に与えているのは、違反状態の継続の防止や次の違反の危険の防止の一環としてであり、過去の違反行為に対する証拠収集手段ではないことに注意が必要です。

2 運転免許証の提示要求

POINT
- ●運転をする者は運転免許証の携帯義務がある。
- ●違反又は交通事故があった際に、相手方に提示を義務づけることができる。
- ●違反、交通事故以外での免許証の提示要求は、法的には協力要請にとどまる。

　運転する場合には、運転免許証の携帯義務が定められており（95条）、不携帯は罰則の対象とされています。日本に来て1年以内の外国人が国際運転免許証で運転している場合も同様です（107条の3）。

　なお、携帯義務違反は免許上の処分（点数付加）の対象にはなりません。免許証の提示を求められれば出すことができる状態に置いておくことが必要です。免許を受けていない者の場合にはこの義務はありませんが、無免許運転として処罰の対象となります。

　警察官は、酒気帯び運転等をしていると認めるときのほか、違反又は交通事故をした者に対しては、運転免許証の提示を求めることができます（67条）。提示要求に応じないと、5万円以下の罰金の対象となります。拒否した場合に強制はできませんが、現行犯逮捕が可能です。違反は刑罰の対象となっている行為に限られません。酒気帯び運転で処罰対象にならない程度の場合、シートベルト着用義務違反やチャイルドシート使用義務違反のように刑罰の対象となっていない行為をした場合も対象となります。また、交通事故には、人身事故だけでなく、物損事故が含まれます。

　なお、この提示要求は、違反や交通事故があった場合で、その運転者に「引き続き当該車両を運転させることができるかどうかを確認するため必要があると認めるとき」に行うことができることとなっています。違反又は交通事故を起こしていれば、この確認をする必要があるのが通常ですが、ケガをしたり、車両が大破して、もう運転をする

ことができなくなっているのであれば、その車両を運転する免許があるかどうか確認する必要性がなくなっているので、この規定に基づく提示要求はできなくなります。その場合に、違反事実を明らかにするために運転免許証を確認するのが必要であれば、犯罪捜査の一環として行うことになります（相手方に義務付けることはできません。）。

免許証の提示要求		
交通違反・事故	○	（引き続き運転することができない状態の場合は除く。）
上記以外	協力要請	

　この規定に基づく提示要求に対しては、運転者は、免許証を提示しなければなりません。提示とは、警察官が内容を十分に分かるように示すものです。手渡しに限られませんが、十分警察官が内容を分かるような示し方でなければ、提示したことになりません。

　職務質問や車両検問に際して、免許証の提示を求めることが実務上行われますが、違反（酒気帯び運転等をしていると認めた場合を含みます。）や事故が起きていない段階では、相手方に法的な義務づけをするものではないことに十分留意が必要です。逆に、この規定に基づいて要求し、違反を犯罪として扱う場合には、一般の場合と異なり、法的義務であって罰則もあることを告げておくことが誤解防止の上で適切だといえます。

3 交通反則の告知

POINT

- 交通違反の大部分は反則行為とされ、警察官が告知することで手続が開始される。
- 無免許、酒気帯び、交通事故のときは、反則通告制度の対象とならない。
- 居所・氏名が明らかでないときと逃亡するおそれがあるときは、通常の刑事手続になる。

　交通違反のうち、危険性が高いもの（30キロ以上の速度超過、酒気帯び運転、過労運転、無免許運転、妨害運転など）と非定型的なもの（現場警察官指示違反）については、一般の犯罪と同様に刑事手続の対象となります。

　それ以外の大半の違反は、反則行為とされ、警察官が告知をすることで手続が開始され、警察本部長が通告し、違反者が反則金を支払えば、起訴されない（反則金を支払わなかった場合だけがその後の刑事手続の対象となる）ことになっています。ただし、無免許、酒気帯び、交通事故のときは、反則通告制度の対象にはならず、通常の刑事事件として扱われます。

　反則通告は、違反者に反則金を支払う機会を与えるものであって、反則金の支払い義務を負わせるものではありません。反則金を払って刑事手続の対象外になることを選ぶか、反則金を払わないで刑事手続の対象となる（起訴される可能性がある）状態に身を置くことを選ぶかは、本人の自由です。

　反則行為を発見した場合、警察官は、反則切符（いわゆる青切符）を作成し、1枚目の交通反則告知書を対象者に交付することで告知が行われます。告知書を含めた反則切符の作成は捜査手続の一環であり、2枚目の交通事件原票には、警察官の作成する捜査報告書の部分と違反者の供述書の部分が含まれています。

行為者の氏名や居所が分からないときと逃亡のおそれがあるときは、告知をすることができませんから、その時点では告知をしないで通常の刑事手続がとられます。現行犯逮捕が行われることもあります。また、告知書の受領を拒否した者については、相手方のせいで告知ができなかったのですから、一般の刑事手続が行われることになります。

　反則対象の場合、上記の例外の場合を除けば、警察官の告知がその後の手続の前提になります。警察官の判断の誤りで、反則告知がとられなかった場合、告知書が間違っていて無効になった場合には、反則手続も刑事手続もとることができなくなってしまいます。告知書に記載された警察官の氏名が実際の告知をした警察官と異なっていたことで、告知が無効とされ、その後の手続が無効とされた例がありますが、そういうことを行ってはならないのは、当然のことです。

　交通反則制度は、極めて大量にある交通違反について、裁判所、検察を含む刑事司法システム全体の負担を軽くし、あわせて国民の多くが罰金の前科を持つことによって刑罰の重大さに対する認識が薄れてしまうことを防ぐ、という趣旨で設けられたものです。

　なお、反則金は、告知をした警察官の所属する都道府県に入るのではなく、すべて国に入り、その後、道路延長距離などに応じて、都道府県や市町村に交付され、信号機やガードレールなどの交通安全施設に使われています。

交通反則制度の趣旨

　刑事司法システム全体の負担軽減
　国民の刑罰の重大さに対する認識の維持

4　違法駐車に対する措置

POINT

● 違法駐車車両の運転者に対して移動を命ずる ことができる。
● 運転者不在の放置駐車については、事実を確認 し、標章を取り付ける。

　駐車とは、「客待ち、荷待ち、貨物の積み卸し、故障その他の理由に より継続的に停止すること」のことですが、「貨物の積み卸しのための 停止で5分以内のもの」と「人の乗り降りのためのもの」は除かれて います（道路交通法2条）。運転者が車両を離れて直ちに運転すること ができない状態にあるものは、すべて駐車に含まれます。

　道路標識で駐車禁止とされている道路の部分と、交差点とその周辺 （交差点の端から5メートル以内）、駐車場の自動車出入り口周辺（3 メートル以内）などの部分については、駐車すると違法になり、10万 円以下の罰金の対象となっています。運転者が離れて直ちに運転する ことができない状態にあるものは、放置車両となり、罰金や点数が重 くなっています。いずれも反則行為になります。

　違法駐車を発見した場合には、その違法状態ができるだけすみやか に解消されることが望まれます。警察官は、運転者に対して、移動を 命ずることができます（51条）。命令に反した場合には刑罰の対象とな ります（駐車違反が罰金だけであるのに対し、命令違反は3月以下の 懲役を含めた罰則が定められています。）。

　運転者のいない放置駐車の場合には、命令によって違法状態を解消 することはできません。その場合、警察官は、「道路における交通の危 険を防止し、又は交通の円滑を図るために必要な限度において」、駐 車の方法の変更その他の必要な措置をとり、又は駐車している場所か ら50メートル以内の道路上の場所に車両を移動することができること が定められています。法律上は、具体的な交通の危険や円滑な運転へ

の障害が起きていることは要件になっていません。違法駐車になっている以上、こういった措置は行うことができるものとされています。原動機付自転車などの場合は比較的容易ですが、自動車の場合は簡単に動かすことができない場合も多くあります。警察署長の権限として、レッカーで違法駐車車両を移動し、移動料金、保管料金を徴収することも定められています。

　放置駐車の場合、運転者がいないので、誰が違法駐車をしたのか警察官には分かりませんし、相手がいないので、3で述べた告知をすることもできません。警察官は、放置駐車を発見した場合には、違反状態を確認し、標章（確認標章）を放置車両に取り付けることになっています。確認標章には、警察官が確認したこと及び車両の使用者に放置違反金の納付を命じられる場合があることを告知するものです。具体的には、決められた様式の標章を、記載事項が見やすい方法で車両に取り付けることで行われます。放置違反金納付命令制度については、第7章第1節で説明します。

　なお、駐車にならない停車については、通常の駐車禁止場所では違反になりませんが、道路標識で停車を禁じられている道路の部分や交差点とその周辺などの部分では、違法になります。違法停車の場合には、運転者に対して、警察官が移動を命ずることが定められています。

5　酒気帯び運転等の場合の措置

- ●酒気帯び運転について、停止、免許証の提示要求と呼気検査ができる。
- ●呼気検査はその後の応急措置のために行われる。拒み、妨害した場合は罰則の対象。
- ●酒気を帯びた者が発車させようとする場合は物理的な強制で止めることができる。
- ●過労運転と無免許運転の場合、呼気検査を除き、同様の措置をとることができる。

　道路交通法は、酒気帯び運転、過労運転と無免許運転の場合に、危険防止の措置を定めています（67条）。酒気帯び運転、過労運転等と無免許運転は、大変危険な運転であり、道路交通法において、最も重く処罰される違反です。そして、速度超過、信号無視や一時不停止などと異なり、一時的な行為ではありません。その状態にある限り、運転をすること自体が禁止されます。このため、発見した時点でそれまでの違法な運転に対する責任追及をするだけでなく、その後に向けて、運転をさせないための措置をとる必要があります。道路交通法では、停止や運転免許証の提示要求などができる（酒気帯び運転の場合は呼気検査もできる）ことが定められていますが、いずれも法的には、過去の責任追及の手段としてではなく、その後に向けた危険防止の応急措置をとるためのものと位置付けられています。

　酒気帯び運転とは、アルコール（エチルアルコール）が体内にある状態で運転をすることです。刑罰の対象になるのは、呼気1リットル当たり0.15ミリグラム以上（血液1ミリリットル当たり0.3ミリグラム以上）の場合に限られますが、危険防止の措置を定めた規定では、すべて対象になります。

(1) 酒気帯び運転車両の停止と免許証の提示

　警察官は、酒気帯び運転をしていると認める車両を停止させ、運転免許証の提示を求めることができます。応じないと刑罰の対象になり、強く説得できることは、第1節の3とこの節の2で説明したとおりです。「認める」とは、蛇行運転をしているとか、酒類を提供する店から赤い顔をして出てきて車両の運転を始めたとか、運転席にアルコール飲料が置かれている場合などです。単に深夜帯なので飲酒している者が多いだろうと思ったというのでは、この規定に該当しません。当初は交通検問として車両の停止を求め、止まった車両の中で酒の臭いがしたという場合は、当初はこの規定の対象外であったものが、酒の臭いがした時点でこの規定の対象になったのですから、発車させようとした場合は、停止を命じることができますし、後で説明する応急措置として発車を阻止することも可能になります。

(2) 呼気検査

　車両に乗車し、又は乗車しようとしている者が酒気帯び運転のおそれがあると認められるときは、警察官は、その後の酒気帯び運転を防ぐ措置の前の段階として、体内のアルコールの程度を調査する呼気検査をすることができます。酒気帯び運転の責任の追及とは異なるので、それまで運転をしていなかった者でも、乗ろうとしてドアに手をかけていれば、対象になります。逆に、それまで運転をしていた者でも、その後に運転をする可能性がないことがはっきりしている場合（事故で負傷して救急車で運ばれた、泥酔状態で車に乗れない状態になっている、運転していた車が動かない状態になっていて他の車両に乗ろうとしているそぶりもない、といった場合）には、この呼気検査はできなくなります。この検査の対象は、酒気帯び運転をするおそれのある者なので、刑罰の対象となる程度でなくても含まれます。本人の顔色、呼気、言動や運転行動などから、酒気を帯びていると認められれば要件を満たすことになります。

呼気検査は、検査を受ける者に、その呼気を風船に吹き込ませて採取することとされています。呼気検査を拒み、又は妨げる行為は、3月以下の懲役又は50万円以下の罰金とされています。以前は5万円以下の罰金だったものが、平成16年改正で30万円以下とされ、さらにそれが平成19年改正で大幅に引き上げられたものです。それだけ呼気検査を免れる行為が悪質だと位置付けられたことが分かります。物理的な強制はできませんが、検査に応ずるように強く説得し、説得する過程で一時的に拒む本人の腕をつかむといった説得に必要な限度での実力行使も認められます。

　検査のための同行に応じない、呼気検査の要求に応じない、風船を受け取らない、うがいをしない、受け取った風船をふくらませない、口先で少しふくらませるしかしない、ふくらませた風船を提出しないといった行為は、すべて拒む行為に当たります。検査器具を押しやったり、呼気の標本を破損したり、奪取したりする行為は、本人以外の者が行った場合を含めて、検査を妨げる行為に当たります。呼気検査の道具を所持していなかったので、交番への同行を求めた場合には、その同行を拒んだ時点で呼気検査を拒む罪が成立します。実際にアルコールが体内になかったときでも、体内にアルコールがあることを推認したのが合理的であれば、検査拒否の罪は成立します。

(3)　酒気帯び運転における応急措置

　呼気検査で酒気帯び運転と分かった場合又は呼気検査を免れようとした場合には、危険防止のために応急措置をすることができます。正常な状態になるまで運転をしないように指示するほか、代わりに運転をすることのできる人を呼び出すこともこの規定に基づいて行われます。実際に乗車しようとする場合には、物理的にそれを押しとどめ、エンジンキーをまわし、スイッチを切るなどの措置をとることができます。命令の場合とは違い、指示に反するときの処罰規定はありませんが、直接的物理的な手段で阻止できることが大きな特徴です。

⑷ 過労運転と無免許運転における車両の停止と免許証の提示等

　過労運転と無免許運転の場合にも、この規定に基づく権限行使が、呼気検査を除き可能です。

　過労運転とは、過労、病気、薬物の影響その他の理由により、正常な運転ができないおそれがある状態での車両の運転を意味します。過労運転と認められる車両の停止、免許証の提示要求と、それらを通じて過労運転と分かった場合の応急措置ができることになります。

　無免許運転はその車両を運転できる免許を有しないで運転をすることを意味します。免許を持っていても、停止（免許の効力の停止）中は、免許がないのと同様に運転をすることができませんから、運転をすれば無免許運転になります。自動二輪の二人乗りに関しては、免許保有歴要件があります（高速道路は3年以上、一般道は1年以上）が、それに満たない者が人を乗せていた場合も、無資格運転としてこの規定の対象になります。無免許運転と認められる車両の停止、免許証提示要求が定められているほか、免許証の提示要求（違反や事故を起こした者への免許証の提示要求を含む。）によって無免許と分かった場合に、応急措置をすることができることも定められています。

　なお、法律上の義務付けをする免許証の提示要求によって無免許と分かった場合のほかは、この規定に基づく応急措置をすることはできませんが、無免許運転は犯罪ですから、無免許運転をしようとする者に警告を発し、人に危害を加えるようなものとなるので制止をすることができることになります。

6　整備不良車両と過積載車両の場合の措置

POINT

●違反していると認められる車両を停止させ、検査することができる。

●違法状態を解消させるための応急措置を命ずることができる。

●応急措置で改善できない整備不良車両の場合、故障車両として運転継続を禁止する。

　整備不良車両も過積載車両も、違法な状態にあるのですから、そのまま運転を継続させるわけにはいきません。警察官が発見する前の走行について責任を追及することと合わせて、そのままの状態での運転を継続させないための措置をとることが必要になります。停止、検査等はいずれも、その後に向けた措置をとるために認められた権限です。事後の措置については、整備不良車両と過積載の場合とで異なります。

　整備不良車両とは、道路運送車両の保安基準に適合していない車両です（交通の危険を生じさせ、又は他人に迷惑を及ぼすおそれがない場合は含まれませんが、運行記録装置のようなものを除けば、保安基準に適合していない車両は、すべて整備不良車両になります。）。整備不良車両を運転することは禁止されています（62条）。気づかなかった過失の場合も罰則の対象となります（10万円以下の罰金）。

　警察官は、整備不良車両に該当すると認められる車両が運転されているときは、その車両を停止させ、運転者に自動車検査証の提示を求め、車両の装置について検査をすることができます（63条）。応じなかった場合は刑罰の対象となります。物理的な直接強制はできませんが、違反は犯罪なので強く説得することができるのは当然ですし、従わない場合には現行犯逮捕も可能です。

　なお、250cc以下の自動二輪車と原動機付自転車は、自動車検査制度の対象となってはいません（自動車検査証はありません。）が、車両の

整備等を行う義務があることはほかと同様です。

　整備不良が応急措置によって改善できる場合には、警察官は応急措置を命じます。応急措置では改善できないような場合には、「故障車両」として、運転の継続を禁止することになります。命令への違反は、罰則の対象です。整備不良車両の運転自体は反則行為ですが、命令違反は3月以下の懲役を含む刑罰の対象で、反則行為ではありません。

　故障車両として運転の継続を禁止したときは、整備を要する事項を記載した文書を故障車両の運転者に交付し、故障車両の前面の見やすい箇所に標章を貼り付けます。標章は、何人も破損してはならないこととされ、警察署長又は運輸支局長の確認を受けた後でなければ取り除くことができないこととなっています。

　その場では応急措置をすることはできないが、整備不良の程度、交通の状況から、支障がないと認めるときは、整備するのに必要な限度で、区間及び通行の経路を指定し、条件を付して運転を許可することができます。許可した場合は許可証を交付します。最寄りの自動車整備工場までの運転を許可するのがその例です。

　過積載とは、それぞれの車両で定まっている積載物の制限重量を超えた重量の積載をしていることです。過積載をしていると認められる車両が運転されているときに、警察官は、その車両を停止させ、自動車検査証の提示を求め、積載物の重量を測定することができます（58条の2）。警察官は応急措置を命ずることができます。その場で積み荷を降ろすといった応急措置ができない場合、警察官は、区間・経路や危険防止のためにとるべき措置などを守って運転し、過積載とならないようにするための措置をとることを命ずることができます。命令をした場合、警察官は通行指示書を交付し、運転者はその指示に従って指定された場所まで運転し、積載物を降ろすことになります。

第3節　危険な事態及び事故時の措置

1　道路の状態が危険な場合の措置

POINT

●道路において交通の危険が生ずるおそれがある場合、一時的な通行禁止・制限ができる。
●道路又は沿道の工作物や転落物が危険な場合に、除去、移転等の応急措置ができる。

　道路が危険な状態の場合に対応するために、道路交通法で警察官の権限を定めています。危険な事態全般については、警察官職務執行法4条の避難等の措置の規定がありますが、道路における危険に対応するのは、道路交通法の規定によることになります。

　警察官は、「道路の損壊、火災の発生その他の事情により、交通の危険が生じるおそれがある」場合において、「道路における危険を防止するために緊急の必要がある」と認めるときには、「必要な限度において」、その道路について、「一時、歩行者又は車両等の通行を禁止し、又は制限する」ことができます（6条）。道路の交通規制は、本来は公安委員会（又はその委任を受けた警察署長）が行うものですが、道路が損壊したり、火災が起きていたりして、道路が危険な状態になっている、又はすぐにも危険が及ぶ状態になっているという場合には、緊急の必要があるので、一時的な措置として、警察官が交通規制をする権限が認められています。通行禁止は、通行を一律に禁止するもので、自動車や原動機付自転車だけでなく、歩行者や自転車、路面電車も対象にすることができます。対象を限定して禁止するのが制限に当たります。警察官が行うことができるのは、通行禁止又は制限で、それ以外の措置をとることはできません。方式は決まっていません。警察官が口頭や動作によって伝えることになります。警察官が現場で一時的な措置としての規制を行い、危険な事態が続くような場合には、その

第5章　車両運転者に対する措置

123

後に公安委員会又は警察署長による規制が行われることになります。

　なお、この条文では、警察官による交通混在の緩和のための措置と手信号による交通整理が定められていますが、説明は省略します。また、高速道路に関しては、少し異なった内容になっています（75条の3）。

　工作物等（工作物又は物件）や転落積載物等（道路に転落し、又は飛散した車両等の積載物）が道路交通の危険や妨害になっている場合、警察署長がそれらの物の占有者等に命令をし、あるいは自ら措置をとる権限を有しています。警察官は、「道路又は沿道の土地に設置されている工作物等」や「転落積載物等」が「著しく道路における交通の危険を生じさせ、又は交通の妨害となるおそれ」があり、「急を要する」と認めるときは、「道路における交通の危険を防止し、又は交通の妨害を排除するため必要な限度において」、それらの物の除去や移転、その他応急の措置をとることができます(83条)。迅速に対応しなければならない事態において、警察官に権限が付与されているものです。その時点で応急の措置をしないと交通に著しい危険が生じ、あるいは交通が妨害される場合なのですから、必要な措置をとるのは当然のことです。車両が衝突するかもしれないという危険がある場合には、そのまま放置するのではなく、衝突のおそれのない場所まで移転させることが求められます。除去（取り除くこと）をした場合は、その物を警察署に持っていき、そこで保管されることになります。

2　その他の道路交通上の危険な事態における措置

POINT
- 乗車等に関し危険を防止するために特に必要があるとき、応急措置を命令できる。
- 現実に危険になっていれば、法に反しているかどうかにかかわらず対象になる。

警察官は、乗車、積載又は牽引について、危険を防止するため特に必要があると認めるときは、車両を停止させ、運転者に対し、危険を防止するため必要な応急措置を命ずることができます（61条）。停止命令については、第2節で説明しています。

　現実に危険があることが要件です。法律に違反していなくても、現実に危険になっていれば対象になります。積み荷の中身とは関係なく物の形状から危険になっている（落ちそうになっている）ものが対象です。危ない状態で乗っている人をそうでない状態にする、積み荷を落ちないように積み直すといったことが措置の内容になります。物理的な強制はできませんが、法的な義務づけをする命令ですから、強く説得できるのは当然ですし、従わないときは罰則の対象となります。

　酒気帯び運転や、過労運転、無免許運転、整備不良車両及び過積載の場合については、危険な場合としての措置を含めて、いずれも法令違反として、前節で説明しています。

3　交通事故時の措置

POINT

● 交通事故（物損事故を含む。）の当事者は警察に対する報告義務を負う。

● 警察官は現場で、運転者に、道路における危険防止等のために必要な指示ができる。

● 指示に従うことが困難な場合、損壊物等移動等の応急の措置をとることができる。

　交通事故が発生した場合、負傷した被害者を救護するとともに、その後の危険な事態を防ぐことが必要になります。道路交通法は、被害者救護と危険な事態防止の観点から、運転者に法的な義務を課しています（72条）。起きてしまった事故の原因を解明し、責任を追及することについては、特別の規定はありません。

運転者は、直ちに運転を停止し、負傷者がいた場合は救護し、危険な場合には危険を防止するために必要な措置をとる義務があります。119番をする、事故車両が道路で危険な状態を作っている場合には、それを移動させたり、停止器材を置いたりすることを意味します。そして、直ちに警察に報告することが義務付けられています。110番通報がなされるのが通例ですが、近くの交番等の警察官に報告することもできます。報告すべき内容は、交通事故が発生した日時及び場所、死傷者の数及び負傷者の程度と損壊した物及び損壊の程度、交通事故の車両の積載物並びに交通事故について講じた措置です。事故原因などは報告義務の対象ではありません。報告義務があるのは物損事故の場合も例外ではありません。もっとも、物損事故の場合は、報告を聞いた警察の側で警察官が現場に行くことが不要だと判断し、当事者に委ねることも多くあります。救護義務を果たさない者は、ひき逃げとして大変重く処罰されます（人の死傷がその運転者の運転に起因する場合は10年以下の懲役・100万円以下の罰金、そうでない場合でも5年以下の懲役・50万円以下の罰金）。それ以外の物損だけのいわゆる当て逃げが1年以下の懲役・10万円以下の罰金、警察への報告義務違反が3月以下の懲役・5万円以下の罰金と定められています。

　人身事故の場合は、報告を受けた警察の側で、警察官が現場に行くまでその場を立ち去ってはならない旨を命じます。現場に行って警察官が当事者から事実関係を聞くことを含めて状況を確認しないと、負傷者の救護に問題はないか、現場に危険はないか、事故を起こした車両の運転の継続を認めてよいかどうかなどが分からないことが多いことによるものです。命令を無視して勝手に立ち去った場合は5万円以下の罰金とされています。

　現場に来た警察官は、運転者に対し、「負傷者を救護し、又は道路における危険を防止し、その他交通の安全と円滑を図るために必要な」指示をすることができます。指示は法的な義務を課すものですが、従

わなかったときの罰則はありません（当初とるべきであった必要な措置をとっていなかった者に対してその行為を行うように指示したのに対して、行わなかったときは、指示違反としてではなく、当初に講ずるべき措置を講じなかったことで犯罪になります。）。指示を受けた運転者が負傷その他の理由により直ちに指示に従うことが困難である場合には、警察官は、「交通の危険を防止し、その他交通の安全と円滑を図るために必要な限度において」、その「交通事故で損壊した物や交通事故の車両の積載物の移動その他応急の措置をとる」ことができるとされています。

　道路交通法には定められていませんが、現場に来た警察官が、人身事故の場合に自動車運転過失致死傷罪で犯罪捜査をすることは当然のことです。

確 認 質 問

解答・解説は
こちらから▶

- [ ] 車両検問を適法と認めた最高裁の判例はどのようなものか？
- [ ] 警察官が車両を停止させる権限（法律に根拠のない場合を含む。）に応じて、相手方に与えることのできる負担は、どのように異なっているのか？
- [ ] 運転免許証の提示を相手方に義務付けることができるのは、どのような理由によるもので、どのような場合か？
- [ ] 反則行為であるが告知を要しないのはどのような場合か？
- [ ] 「反則金を払う法的義務はない」というのはどういう意味か？
- [ ] 酒気帯び運転をしようとする行為を物理的に阻止することは可能か？　また、根拠は何か？　無免許や薬物の影響のある者の場合はどうか？

発 展 質 問

解答・解説は
こちらから▶

- [ ] 車両の停止措置が違法とされたものにはどのような例があるか？
- [ ] 交通違反車両を追跡した結果、逃走車両が他の者に危害を加えた場合、警察に責任はあるのか？
- [ ] マイナンバーカードで運転している者に対する「免許証提示要求」はどのようになるのか？
- [ ] 交通違反の捜査のために免許証の提示を義務付けることはなぜできないか？
- [ ] 告知書の交付に際して、「証拠がどうなっているか教えないと

受け取らない」と主張する違反者に対して、一般の刑事手続で処理することに問題はあるか？

□ 呼気検査に応じないのを処罰するのは、酒気帯び運転という犯罪の追及を受けることを本人に義務付けるのだから、憲法38条１項との関係で問題にならないのか？

□ 日本人が日本の運転免許を持たないで、外国の国際運転免許証で運転できるか？　外国人の場合はどうか？

□ 刑罰対象で非反則事件の場合、出頭の日時の指定はどのように行うのか？

□ 車両検問等で運転免許の処分手配者を発見した場合、どのように対応するのか？

第 **2** 部

その他の警察行政法の
基礎知識

（適正な職務執行の基盤となる警察行政法）

第6章

警察組織法

　この章では、警察組織に関する法制度、警察官の職務執行に関連する警察法の規定、地方公務員としての警察官に関する法制度について説明します。警察が条例違反の捜査に当たることを踏まえて、警察組織に関する法制度の中で条例についても説明をしておきます。

第1節　警察組織に関する法制度

1　警察の責務

　警察は、「個人の生命、身体及び財産の保護」に任じ、「犯罪の予防、鎮圧及び捜査、被疑者の逮捕、交通の取締その他公共の安全と秩序の維持」に当たることを責務としています（警察法2条1項）。保護すべき「個人」には外国人も含まれますし、財産権の主体としての法人（会社など）も含まれます。「犯罪の予防、鎮圧及び捜査、被疑者の逮捕、交通の取締」は「公共の安全と秩序の維持」の例として記載されていますが、実質的にみると、警察が担う仕事の主要なものを明らかにしたといえます。「犯罪の予防」は犯罪が発生するのを防ぐことで、誰かが犯罪をしようとしているのを防ぐことと、将来にわたって犯罪が起きない（起きにくい）ようにすることの双方を含みます。非行少年の補導は犯罪の予防に当たります。犯罪の「捜査」は、犯罪が起きた後で、刑事訴訟法に基づいて、犯人を突き止め、証拠を収集する行為です。犯罪の「鎮圧」というのは、警察の実力によって、集団的な犯罪がまさに発生しようとしているのを未然に防ぎ、集団的な犯罪が起き

た後の拡大をさせず、終わらせることを意味します。「被疑者の逮捕」は犯罪捜査の一部ですが、重要なものなので、特に書かれたものです。「交通の取締」は、交通違反の取締りだけでなく、交通規制などを含めた交通の安全と秩序の維持のための道路交通の管理を目的とした活動全般を意味します。

　警察は、法律つまり国民代表の意思によって自らに与えられた責務を果たすために存在しています。警察の責務の範囲を超えた活動を行うことはできません。同時に、責務の達成を果たすために様々な活動を積極的に行うことが求められます。法律で与えられた権限を行使するとともに、必要な場面では、法律に定めのない任意の活動を、警察法２条１項の責務を達成するための行為として、適切な範囲で行っていくことになります。

　法律に規定がない場合には、強制になってはならないことと、相手方に与える不利益の程度が警察法２条の責務達成上の必要性を上回ってはならないこと（比例原則）は、第１章第３節で説明しています。

２　都道府県警察制度

　日本の警察組織は、実際の警察の活動をすべて都道府県警察が行うことを基本として構成されています。都道府県の機関として設置される都道府県警察が、それぞれの都道府県内の警察の責務に任じています。

　なお、「警視庁」は東京都の警察で、他の道府県警察と法的な違いはありません（首都の警察であることとその長が警視総監という警察官の中の最高の階級にあることを踏まえ、他の道府県警察と異なった名称が用いられています。）。

　国の警察機関は、警察に関する制度の企画や警察活動の基盤づくりを主として担当し、国家的あるいは全国的な観点から都道府県警察の指揮や指導に当たります。皇宮警察（皇居等の警備と天皇陛下及び皇

族の方の側近での護衛）と重大サイバー事案対処を除き、国の警察機関が直接的な警察活動をすることはありません。また、市町村には警察組織はありません。「市警察部」は、市の警察組織ではなく、大都市のある道府県警察の中の組織です。

　警察は都道府県の機関ですから、警察官を含めた職員は都道府県の地方公務員ですし、都道府県の予算で運営されます。警察署の設置や警察官を含めた警察職員の定員は、都道府県の議会が定める条例で決められます。警察の情報公開は、都道府県の条例が適用されます。

　警察の仕事は、地域住民とともに地域の安全を守っていくという地域的な場面もありますが、広域的な犯罪の捜査に当たるという広域的・全国的な場面、さらには国際テロに備えるという国家的な治安維持に当たる場面もあります。日本の警察制度は、市町村でも国でもない、都道府県という広域的な地方自治体の単位で設けられた都道府県警察が、それぞれの都道府県内の安全を守ることを基本としていますが、都道府県の範囲を超えた治安事象に対処しなければならないのですから、自らの都道府県内の安全を確保するために、他の都道府県警察と連携をして当たることが求められます。

　警察法は、国の警察機関（警察庁）に国家的全国的な観点から一定の範囲で指揮監督権を与えるとともに、国家的全国的な観点から国が一部の費用（警備に要する費用や広域的な事件の捜査に要する費用など）を負担することとしています。また、都道府県警察の警察本部長（警視庁の場合は警視総監）及び警視正以上の警察官を国家公務員として、国（国家公安委員会）が任命することとしています（都道府県警察で採用された警察官が昇進し、警視正になるときに国家公務員に身分が切り替えられます。）。さらに、都道府県警察が相互に協力する義務を負うことを定め、災害や大型警備では、都道府県公安委員会の援助要求により、多くの警察官が派遣されています。

　このように、都道府県ごとの地域的な存在であると同時に、国家的

全国的な観点からの必要にも対応できる警察組織となっているのが、日本の警察の最も大きな特徴です。

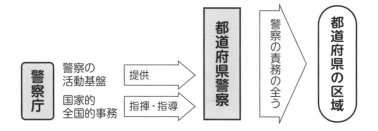

3　公安委員会制度

　警察の権力行使が政治的な目的に利用されることがあってはなりません。そのために設けられているのが公安委員会制度です。

　一般の都道府県の行政は、選挙で選ばれた知事が責任を持ち、指揮監督をしています。これに対し、警察の場合は、例えば選挙における取締りで一方の側を有利に（他方の側を不利に）したり、知事に近い人の事件捜査をしないようにしたり、対立する側をターゲットにして事件を探すようにすることがあってはなりません。このため、都道府県知事の指揮監督が警察に及ばないようになっています。知事は、予算に関することや、条例など議会が決定する案件について議会に提案することはしますが、それ以外に警察の仕事に関与することはできません。

　都道府県警察を管理する機関として、都道府県公安委員会が置かれています。公安委員会の委員は3人（東京都と大都市のある道府県では5人）で、知事が議会の同意を得て任命します（大都市のある道府県では、委員のうちの2人は、大都市の市長が議会の同意を得て推薦した人を知事がそのまま任命することになっています。）。都道府県公安委員会は、民衆の代表者として、警察の民主的管理と政治的中立性の確保に当たります。警察の民主的管理とは、警察が独善的な組織にならないように、県（都・道・府）民の良識を代表し、警察行政に県

（都・道・府）民の考えを反映させることを意味します。公安委員会は、基本的な方針や方向性を示して、警察の運営がそれに従っているかをチェックし、必要であると判断すれば、運営を是正するように求め、監察に関する具体的な指示なども行います。警察官を含む職員に懲戒事由に当たる事案があったときは、公安委員会に報告がなされます（懲戒事由については第3節で説明します。）。警察官を含めた警察職員の職務執行に対する苦情を公安委員会が対応するのも警察の民主的管理の一環です（苦情対応については第2節で説明します。）。

　このほか、都道府県公安委員会に法律上の権限が与えられている場合には、都道府県警察の補佐を受けながら、公安委員会がその権限を行使します。また、地域の人々の考えを警察署の運営に反映させるために、警察署協議会がほぼすべての警察署に設けられていますが、協議会の委員を委嘱するのは都道府県公安委員会が行います。

国には、国家公安委員会があり、国の警察機関である警察庁を管理するとともに、都道府県警察の警察本部長等について、任命権を行使します。さらに、警察官の活動や組織の運営に関して準則となる国家公安委員会規則を制定しています。犯罪捜査規範、警察官等拳銃使用及び取扱い規範、警察官等警棒等使用及び取扱い規範、地域警察運営規則などがこれに当たります。

4　都道府県警察の実働組織

　東京都には警視庁、道府県には道府県警察本部があり、警視総監・道府県警察本部長がそれぞれの長として置かれています。警視総監・

道府県警察本部長は、都道府県公安委員会の管理に服し、事務を統括し、所属の警察官・警察職員を指揮監督します。

　都道府県の区域を分けて、各地域を管轄する警察署が置かれます。警察署の名称、位置及び管轄区域については、都道府県の条例で定められます。警察署長は、警視総監・道府県警察本部長の指揮監督を受けて、その管轄区域内における警察の事務を処理し、所属の警察官・警察職員を指揮監督します。警察署長は、法律で自らの権限とされたもののほか、公安委員会の権限の一部についても委任を受けて自らの権限として行使しています。犯罪の捜査等については、法的な権限は個々の警察官にありますが、警察署という組織として捜査等を適切に遂行することの責任を警察署長は負っています。

　警察署の下部機構として、交番その他の派出所又は駐在所が設けられます。「その他の派出所」には、警備派出所があります。地域警察運営規則では、警察署の管轄区域を分けて定める所管区ごとに交番と駐在所が置かれ、警備派出所は繁華街、空港その他特殊な警察対象のある地域において、交番、駐在所とは別に設けられるものとされています。

5　都道府県警察相互の関係

　都道府県警察は相互に協力する義務があります（警察法59条）。災害など特別の事態があって、都道府県警察の通常の体制では対応できない場合には、他の都道府県警察に、警察官を派遣してもらう援助の要求を行うことができます。援助の要求と、その要求を受けた派遣は、いずれも都道府県公安委員会が決定します。

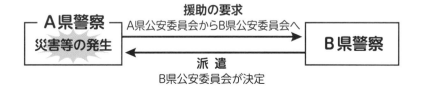

都道府県警察は、「居住者、滞在者その他のその管轄区域の関係者の生命、身体及び財産の保護」と「その管轄区域における犯罪の鎮圧及び捜査、被疑者の逮捕その他公安の維持」に関して必要がある限度において、その管轄区域外にも権限を及ぼすことが認められています（61条）。追跡していた逃走車両が他の都道府県の区域に入った後も追跡を継続する、被疑者が他の都道府県にいる場合にそこまで行って逮捕する、捕まえた被疑者が他の都道府県でも犯罪を行っていた場合に関連事件として捜査する、保護対象者が他の都道府県に行くので同行する、といったことが典型です。これ以外にも、警察法では、広域組織犯罪等の処理、境界周辺事案の処理、移動警察（交通機関における警察活動）、道路上の事案処理に関して、他の都道府県に権限を及ぼすことを認めています。このうち、境界周辺事案の処理、移動警察及び道路上の事案処理に関しては、関係都道府県警察の間の協定に基づいて行われます。協定の締結は、都道府県公安委員会の権限です。

都道府県警察の管轄区域外における権限の行使

居住者、滞在者その他のその管轄区域の関係者の生命、身体及び財産の保護	その管轄区域における犯罪の鎮圧及び捜査、被疑者の逮捕その他公安の維持

に関して、

必要がある限度内において可能

都道府県警察は、他の都道府県警察の管轄区域内に権限を及ぼすときは、権限を及ぼす先の都道府県の警察と緊密な連携を保たなければなりません。合同捜査本部を設置する場合のように事案を共同処理する上で必要なときには、警察本部長（警視総監を含む。）間の協議により、共通の指揮官を決めることができます。

6 地方自治と条例

憲法は、地方自治を保障し、地方公共団体が法律の範囲内で条例を制定することを認めています（92条、94条）。地方公共団体は地方自治体とも呼ばれますが、基礎自治体としての市町村と、広域自治体としての都道府県があります。住民に身近な行政は基礎自治体としての市町村が処理し、広域自治体としての都道府県は、広域にわたるものや市町村が処理することができないものを処理することが基本となっています。警察については、すべて都道府県の事務とされています。

住民から選挙で選ばれた者が長（都道府県知事、市町村長）になり、議会の議員となって、住民のために行政が行われるのが地方自治です。加えて、住民による監査請求や住民訴訟といった住民が行政の是正に関わる制度があるのは、国にはない地方自治の特徴です。

都道府県と市町村は、法令に反しない限り、自らの事務に関し、条例を制定することができます。義務を課し、権利を制限するのは、法令に特別の定めがある場合のほかは、条例によらなければなりません。条例には、違反した者に対し、2年以下の懲役若しくは禁錮、100万円以下の罰金、拘留、科料若しくは没収の刑又は5万円以下の過料を科す規定を設けることが認められています。なお、過料は刑罰ではなく行政上の制裁として長が執行します（警察は関与しません。）。

条例は議会が定めます。提案は長と議員が可能ですが、大半の条例は長が提案したものです。地方公共団体の組織や機構、地方税や手数料、地方における必要な規制等に関して条例が制定されています。地方公共団体の保有する文書その他の情報に関しては、情報公開条例が定められています。情報公開条例では、開示請求があれば公開することが原則ですが、犯罪捜査や予防に関連する情報の場合には広く不開示が認められる仕組みになっています。

情報公開条例
迷惑防止条例
青少年育成条例

条例

都道府県議会が
法令に反しない範囲内で制定

　都道府県の迷惑防止条例では、国が罰則を設けていない様々な行為について、刑罰の対象としています。都道府県の青少年保護育成のための条例などでも、違反について罰則が設けられています。市町村の条例でも、罰則があるものについては、警察がその捜査を行います。条例は、その条例を制定した地方公共団体の区域で効力を生ずるのが原則です。区域内であれば、区域内に居住する者だけでなく、一時的に滞在する者であっても、条例の効力は及びますから、その区域内で条例に違反する行為をすれば、条例違反で捜査、処罰する対象となります。他方で、例えば交通機関内の痴漢行為に迷惑防止条例を適用する場合には、その行為が条例を制定している都道府県内で起きたことを明らかにすることが必要になります。

　なお、条例違反の捜査は、その条例を制定している地方公共団体の事務とは限りません。市町村条例違反の捜査を行うのは都道府県の警察ですし、他の都道府県の条例違反も、捜査することができます。

第2節　警察官の職務執行に関連する警察法の規定

1　適正な職務執行の基盤となる諸制度

　警察官は、法律上の権限主体として、自らの判断で権限を行使し、法律に規定のない様々な活動を行います。指揮監督を受けることは当然ですが、すべての活動について事前に指揮を受けて行うわけにはいきません。行き過ぎにならない範囲で、警察の責務を果たすために、適正な職務執行をすることが警察官に求められています。

このため、警察官に階級制度が設けられるとともに、警察官になっ
た時点で警視庁警察学校・道府県警察学校における教育を受け、上位
の階級になる際に管区警察学校、警察大学校で教育を受けることに
なっています。

警察官の階級は、巡査、巡査部長、警部補、警部、警視、警視正、警
視長、警視監、警視総監です（巡査長は、階級章の上では巡査と異なっ
ていますが、法的な階級は巡査です。）。

　警察官は、上官の指揮監督を受け、警察の事務を執行することが警
察法に定められています（63条）。同じ組織の中で自分の上司に当たる
人から指揮監督を受けるだけでなく、異なる組織の人が同じ現場にい
る場合に、他の組織の上位の階級の人の指揮監督を受けることも含む
という意味です。

　警察官は、その職務の遂行のため小型武器を所持することができる
ことが警察法に定められています（67条）。拳銃のほか、特定の部隊だ
けが使用するライフル銃などの特殊銃も小型武器に含まれます。また、
職務遂行上必要な被服を支給し、装備品を貸与することが定められて
います（68条）。

2　地域的な活動範囲の原則と例外

　都道府県警察は、それぞれの都道府県内において警察法2条1項の
責務に任じています。ですから、それぞれの都道府県の区域内で、職
務執行を行うのが原則です（64条）。自らの都道府県の区域外で職務執
行を行うのは、次のいずれかに該当する場合に限られます。

　一つ目は、援助要求を受けて他の都道府県警察に派遣された警察官
が派遣先で活動する場合です。

　二つ目は、第1節5で述べた都道府県警察が他の都道府県警察の管
轄区域内に権限を及ぼす場合です。

　三つ目は、現行犯の逮捕に関する職権行使に当たる場合です（65条）。

すべての警察官は、いかなる地域でも、現行犯人（刑事訴訟法に規定する準現行犯を含みます。）の逮捕に関しては、警察官としての職権を行使することができます。仕事とは無関係な場面でたまたま現行犯人を認めたときにも、私人として逮捕するのではなく、警察官として逮捕することができることになります。逮捕に関連して、刑事訴訟法に基づく逮捕に伴う捜索・差押えや警察官職務執行法に基づく被逮捕者の凶器捜検を行うことができます。その後の捜査をする権限はありませんから、速やかに管轄する警察に引き継がなければなりません。

3　苦情への組織的な対応

　苦情申出の処理が都道府県公安委員会の役割の一つとして定められています（79条）。

　都道府県警察の警察官を含む警察職員の職務執行について苦情がある者は、文書により、都道府県公安委員会に申出をすることができます。苦情とは、警察官を含む警察職員が「職務執行において違法、不当な行為をしたり、なすべきことをしなかったことで、何らかの不利益を受けたとして個別具体的にその是正を求める不服」と警察官を含む警察職員の「不適切な執務の態様に対する不平不満」を意味します。申出者本人と直接関係のないものは対象に含まれません。

苦情とは ……
・警察職員が、職務執行において違法、不当な行為をしたり、なすべきことをしなかったことにより、何らかの不利益を受けたとして個別具体的にその是正を求める不服
・警察職員の不適切な執務の態様に対する不平不満

　都道府県公安委員会は、苦情を誠実に処理し、処理の結果を文書によって申出人に通知しなければならないことが定められています。誠実に処理するというのは、事実関係を確認し、警察の活動に問題があ

れば是正し、同種の事案が起きないように組織として努めていくことを意味します。問題がなければ、調べたが問題がなかったことを明らかにすることになります。住民の代表として警察を管理する公安委員会が責任をもって判断をすることで、直すべきものがあれば直し、将来の改善につなげるとともに、警察官の職務執行が合法妥当なものであればそれをはっきりさせる（住民代表であり、警察の組織の内側ではない第三者の客観的な判断として明確にする）ことで、警察官の正当な職務執行を後押しするものになるといえます。

　なお、通知義務がありますが、都道府県警察の事務の適正な遂行を妨げる目的で苦情申出が行われたと認められる場合は除かれます。

　苦情申出書には、申出者の氏名・住所・電話番号、苦情申出の原因となった職務執行の日時場所等の事案の概要、申出者の受けた具体的な不利益の内容又は執務の態様に対する不満の内容が書かれている必要があります。不備があるときは公安委員会が補正を求め、補正ができればその時点で法に基づく苦情として扱われることになります。

　文書によらないものや公安委員会以外に対する苦情の申出については、法律の規定の対象にはなりませんが、都道府県警察の組織としての対応がなされることになります。

法律で規定された苦情の申出

都道府県公安委員会に対し、文書による申出（必要事項の記載）

↓

誠実に処理

↓

結果を文書によって申出人に通知
（都道府県警察の事務の正当な職務執行を
妨げる目的の申出の場合は除く）

文書によらない苦情申出 公安委員会以外に対する苦情申出	⇒	法律の規定の対象外 （都道府県警察の組織として対応）

第3節　地方公務員としての警察官に関する法制度

1　服務の基本

　警察官は、都道府県の地方公務員ですから、地方公務員法の適用を受けます。地方公務員法は、「職員」という言葉を使っていますから、この節で「職員」又は「警察職員」というのは、すべて警察官が含まれています。

　職員は、全体の奉仕者として公共の利益のために勤務し、職務の遂行に当たっては、全力を挙げて専念しなければなりません（30条）。採用された時点で、条例の定めるところにより、服務の宣誓をしなければならないことが定められています。具体的な文言は、それぞれの都道府県の「警察職員の服務の宣誓に関する条例」で決められています。

2　公務員の身分

　公務員を採用し、人事異動（昇任、転任）をする権限を有する者を任命権者といいます。警察職員の場合は、警察本部長（警視庁の場合は警視総監）が任命権者です。

　採用は、条件付きで行われ、条件付き採用期間に良好な成績で職務を遂行したときに正式採用になります（22条）。正式採用後は、公務員としての身分が保障され、本人が辞職する場合を除き、原則として定年まで勤務することが予定されています。

　公務員になることのできない者（欠格事由に当たる者）を採用することはできません。採用後に欠格事由に該当した場合には失職します。禁錮以上の刑（令和4年の改正刑法の施行後は拘禁刑）で有罪判決を受けた場合には、執行猶予がついていても、判決の確定とともに、欠格事由に当たり、失職することになります。そのほか、次の項で述べる懲戒処分として懲戒免職とされた場合には、公務員の身分を失います。病気等によって職務を遂行できなくなった場合に分限免職処分と

なったときも同様です。

3 公務員としての義務

　公務員の義務には、職務上の義務、職務に関連する義務、職務外を含めた義務があります。

(1) 職務上の義務

　職務上の義務は、職務専念義務と法令・職務命令に従う義務です。職員は、勤務時間において全力をあげて職務に専念する義務を負っています。職員は、職務を遂行するに当たって、法令（国の法令だけでなく、条例、規則や規程も含まれます。）及び上司の職務上の命令に忠実に従わなければなりません。

(2) 職務に関連する義務

　職務に関連する義務として、守秘義務と争議行為の禁止があります。職員は職務上知ることのできた秘密を漏らしてはいけません（34条）。秘密を漏らす行為は、1年以下の懲役又は50万円以下の罰金の対象となります。秘密を守る義務は退職後にも及びます。秘密を漏らすというのは、公表することだけでなく、他の機関あるいは他の者に知らせることがすべて含まれます。他の行政機関との連携上の必要性や、公的な関心事項として社会に広く知らせる必要性がある場合には、他の行政機関への情報提供や、報道機関への素材提供が行われますが、いずれも組織の責任者が十分に考えた上で判断した組織としての行動であり、個々の職員による漏えいとはまったく別の事柄です。職員個々人の「正義感」などで他者に知らせることがあっては絶対にいけません。警察においては、秘密が守られることは、他の行政組織の場合以上に重要なことです。関連して、証人となり、職務上の秘密に属する事項を発表する場合には、任命権者の許可を受けなければならないことになっています。

　職員は、ストライキやサボタージュなど争議行為を行うことが禁じ

られ、あおり、そそのかす行為等が処罰の対象となっています。

　なお、一般の行政職員は職員団体の結成と団体交渉権が認められていますが、警察職員と消防職員については、職員団体の結成自体が禁止されています（国では、警察職員のほか、海上保安庁職員、刑事施設職員が同様に職員団体の結成が禁止されています。自衛隊員についても同様です。）。

(3)　職務外を含めた義務

　職務外を含めた義務として、信用失墜行為の禁止、政治的行為の制限、営利企業への従事等の制限が定められています。職員は「その職の信用を傷つけ、又は職員の職全体の不名誉となるような行為をしてはならない」と定められています（33条）。収賄や職権乱用、虚偽公文書作成のような職務に関係するものだけでなく、私的な用務に際しての酒気帯び運転のように、職務を離れたまったくの私生活上の非行も含まれます。

　政治的行為の制限に関しては、政党その他の政治団体の結成に関与し、団体の役員になることや、構成員となるよう勧誘することが禁止されるほか、政党・政治団体・内閣・知事への支持や反対の目的あるいは選挙での当選落選の目的で、投票の勧誘、署名運動を行うことなどが禁止されています。警察官の場合は、これに加えて、在職中の選挙運動が一切禁止されています（公職選挙法136条）。

　営利企業への従事制限として、営利企業の役員等となり、あるいは報酬を得て事業や事務に従事することについて、任命権者の許可を要することとされています。

職務上の義務	**職務専念義務** 　勤務時間において全力をあげて職務に専念する義務 **法令・職務命令に従う義務** 　法令（国の法令だけでなく、条例、規則や規程も含まれる。）及び上司の職務上の命令に忠実に従う義務
職務に関連する義務	**守秘義務** 　職務上知ることのできた秘密を漏えいしてはならない。 **争議行為の禁止** 　ストライキやサボタージュなどの禁止
職務外を含めた義務	**信用失墜行為の禁止** 　職務に関する非行（収賄、職権乱用など） 　私生活上での非行（酒気帯び運転など） **政治的行為の制限** 　政党その他の政治団体の役員になること、選挙での投票の勧誘、署名運動の禁止 **営利企業への従事等の制限** 　任命権者の許可が必要

4　不利益処分

　任命権者は、職員に懲戒事由がある場合には、懲戒処分をすることができます。懲戒事由は、地方公務員法に違反した場合、職務上の義務に違反し又は職務を怠った場合、全体の奉仕者としてふさわしくない非行があった場合、です（地方公務員法29条）。懲戒処分には、戒告、減給、休職、免職があります。

　なお、訓告、注意（本部長注意、所属長注意）は、公務員法上の懲戒処分ではなく、懲戒処分に至らない非違行為に対して行われる指導監督上の措置に当たります。

　地方公務員法に具体的に書かれたものではありませんが、セクシャ

ルハラスメントは公務員としてふさわしくない非行に該当し、懲戒処分の対象となり得ます。職場において他の者を不快にさせる性的な言動と、職場外において職員が他の職員を不快にさせる性的な言動を意味します。発言者や行為者の側が性的な意味があると思っていなかったとしても、受け手が不快に思うのであれば該当します。男女雇用機会均等法で職場におけるセクシャルハラスメントと妊娠・出産・育児休業等に関するハラスメント防止が都道府県警察を含む事業者に義務付けられています。

　公務員に対して、その意に反する不利益な処分を行うことができるのは、法律又は条例に規定がある場合に限られます。不利益処分には、懲戒処分のほか、分限免職処分、休職処分があります。休職は、心身の故障のため長期の休養を要する場合及び刑事事件に関して起訴された場合に、公務員としての身分を一時的に留保したままで、一時的にその職務を免ずる行為です。休職中の給与については、法律又は条例で定められているところによります。不利益処分を行う場合、任命権者は処分の理由を記載した説明書を交付しなければなりません。

　不利益処分を受けた者は、不服がある場合、人事委員会に審査請求を行います。裁判所に取消訴訟を提起するのは、人事委員会に審査請求をし、その結果を受けた後に限られていますから、争うつもりがあれば、人事委員会に審査請求をしなければならないことになっています。

第 **7** 章

警察権限法

この章では、警察の権限法のうち、道路交通法と銃砲刀剣類所持等取締法及び遺失物法の重要な部分を中心に説明します。その他の法律として、ストーカー規制法と暴力団対策法について概略を説明するほか、児童虐待防止法と配偶者暴力防止法について、警察の権限規定はありませんが、警察の通報や援助など関連する規定について説明します。

第1節　道路交通法

1　法の目的と全体

道路交通法は、「道路における危険を防止し、その他交通の安全と円滑」を図ることを目的としています。「道路に起因する障害の防止に資する」ことも目的に書かれていますが、これは、交通公害の防止のために通行の禁止等を行うことができるようにするためのもので、全体に及ぶものではありません。

道路交通法は、交通ルールに関すること（歩行者の通行方法、車両の速度、横断、追い越し、踏切通過、交差点における通行、一時停止、停車・駐車、灯火・合図、乗車・積載・牽引、整備不良車両の運転の禁止、自転車の場合の特例、危険な運転の禁止、交通事故時の措置など）のほか、運転免許、講習、違反に対する罰則や交通反則制度などを定めています。

交通ルールのほとんどは、交通事故を防止し、事故が起きた場合の被害を小さなものとするために設けられています。長年にわたる警察の取締りと多くの機関・団体による交通安全教育によって、交通ルー

ルを無視する人は減少し、交通事故の被害も減少しています。しかし、そうはいってもまだまだ違反はあり、被害も起きています。様々な対策と違反取締りとが、引き続き求められているといえます。

現場的な警察官の権限に関しては、交通反則制度を含めて、第2章第3節と第5章で説明していますから、ここでは、運転免許に関することと、放置車両対策に関すること及び交通規制について説明をします。

2 運転免許制度

運転免許は、自動車等（自動車及び原動機付自転車）の道路上の運転に関して、都道府県公安委員会が、運転適性及び能力の認められた者に対して、禁止を解除し、適法に行うことができるようにするものです。法的性格は「許可」になります。運転者対策の基盤となる制度であり、取得時の能力確認、安全運転教育、段階的制裁、安全運転誘導と、違反を抑制し、安全な運転に向かわせる上で、大きな役割を果たしています。運転免許の付与と関連する諸制度についてこの項で説明し、運転免許上の処分については次の項で説明します。運転免許に関して、権限を有するのは、住所地の都道府県公安委員会です。

有効な運転免許がなければ自動車等の運転ができないのが大原則ですが、国際条約に基づく特例として、外国の権限のある機関が発行する国際運転免許証（一部の国や地域の場合はその国の運転免許証に日本語訳を付けたもの）を所持していれば、日本に上陸して1年間に限り、日本の運転免許なしに運転をすることができることになっています。

運転免許は、自動車等の種類ごとに付与されます。対応する免許のない車両を運転していた場合には、無免許運転の罪が成立します。免許の効力が一時停止されている期間に運転することも無免許運転となります。運転するための能力の面から補正し、又は対象を限定する必

要があるときには、条件が付されます（例えば、眼鏡等の着用、AT車両限定、小型自動二輪車限定などです。）。条件に違反した車両を運転した場合には、無免許ではなく、条件違反となります。

　なお、原動機付自転車の場合、技能試験はありませんが、適性試験と法令試験に合格した後、実車による講習を受講することが取得前に義務付けられています。

　運転免許は、運転免許証を交付し、又は既に交付している運転免許証に追加記載することで付与されます。運転免許証は、写真を含めた本人事項と免許内容を表示し、警察官が取締りをする際に確認できるようになっています。具体的には、免許証番号、種類、住所・氏名・生年月日、優良である場合はその旨、条件がある場合はその内容が記載されます。本籍（又は国籍）も法律上は記載事項とされていますが、免許証カード内のICチップに含まれているので、表面の記載は省略されています。このほか、本人の希望により、旧姓を氏名の後に記載することができます。また、臓器移植の観点から、免許証の裏面に臓器提供希望意思を表明できる箇所が設けられています。運転免許証の記載事項に変更があったときは、住所地（住所変更の場合は変更先の住所地）の公安委員会に届出をすることが義務付けられています（違反には罰則もあります。）。

　自動車等を運転する場合には、運転免許証の携帯が義務付けられています。携帯義務違反には罰則がありますが、2万円以下の罰金又は科料であるため、軽微犯罪として、住居氏名が明らかでない場合又は逃亡するおそれがある場合でなければ現行犯逮捕できないことに注意を要します。違反又は事故を起こした場合に、警察官からの提示要求に応じる義務があることは、第5章第2節で説明したとおりです。

　運転免許証の有効期間は5年又は3年で、期限までに更新することを要します。期限を過ぎると、免許は失効します。更新は、写真を更新して本人同一性が確認できるようにするほか、適性検査をし、その

機会に講習として安全教育が行われます。また、5年間無事故無違反の場合に優良を表示することで安全運転に免許保有者を誘導しています。免許の効力の一時停止や取消しを逃れている者に対しても更新の機会に確実に執行することが可能となっています。

高齢運転者による事故防止の観点から、70歳以上には実際に車を運転する高齢者講習を義務付け、75歳以上には認知機能検査を行って、認知症の者の免許継続を防ぐようにしています。さらに、75歳以上で3年間に信号無視、速度超過などの違反をしていた者の場合には、運転技能検査に合格しないと更新をしないこととされています（運転技能検査を受ける場合は実車の講習は省略されます。）。

このほか、障害のある人の社会参加と障害のある人の運転による事故防止を両立させる観点から、障害を理由とする一律の排除をしない（欠格事由としない）ものとしつつ、拒否、取消し事由を定め、免許取得時や更新時には病気の症状に関する質問票の提出を義務付けています。

3　運転免許上の処分

自動車等の運転に関して道路交通法に違反した者に対しては、それぞれの違反ごとに点数が付けられ、その点数が一定の基準に達したときに、運転免許の効力の停止（免停）又は取消しの処分が行われます。点数については、道路交通法施行令に定められています。前歴（3年以内に免許の効力の停止を受けた前歴）のない場合、6点からが効力の一時停止、15点からが取消しになります。悪質な違反は1回で効力の停止又は取消しになりますが、大多数の違反は繰り返したときに効力の停止になるような点数になっています（違反の多くは2点です。）。点数の累積及び前歴は、1年間の無事故無違反によってなくなります。違反をした者が1年間無事故無違反を目指すことで、安全運転に誘導するものです。

前歴のない場合

効力の一時停止
（免許停止）

免許の取消し

0　　　　6　　　　　15　　　　（点）

　90日以上の免許の効力の停止及び取消しを行う場合には、公開で意見の聴取（「聴聞」と通称されますが、行政手続法の聴聞とは手続が一部異なっているため、異なる名称になっています。行政手続法については第8章第2節で説明します。）を行うことになっています。処分の権限は、免許の付与の場合と同じく、住所地の都道府県公安委員会にあります。

　運転免許上の処分は、法的には、違反を繰り返し犯したり、重大な違反を犯す、あるいは重大な事故を起こす運転者を不適格者として道路交通から排除するためのものですが、実質的に制裁の機能を発揮しています（多くの運転者にとって、罰金又は反則金の支払い以上に、自動車等の運転ができなくなることが不利益だと認識されています。）。ほとんどの道路交通法違反事件では、犯罪捜査と運転免許処分のための事実調査が一体となって行われています。交通事故の場合には、自動車運転死傷行為処罰法違反事件として捜査が行われ、その結果を踏まえて、違反行為に基づく点数に、被害程度の大きさ（及びそれが専ら一方の不注意によるものか）に応じた加算点が付加され、事故の結果等に応じた運転免許上の処分が行われます（死亡事故の場合には、原則取消しになります。）。交通事故の多くは不起訴（起訴猶予）になりますが、明らかになった事実関係に基づいて、運転免許上の処分が行われることにより、不適格者の排除と行政的な制裁につながっています。

　多くの違反は、1回では運転免許の効力の停止につながりませんが、

１回でも違反があると次の運転免許の更新に際して優良運転者になることができないという不利益につながります。シートベルト着用義務違反やチャイルドシート使用義務違反は、刑事罰の対象ではなく、点数も１点だけですが、次の運転免許証の更新時に優良になることができないことになります。

違反事件や事故についての刑事上の判断と行政処分の判断は別に行われます。刑事事件の場合、「合理的な疑いを超える立証」が求められるのに対し、行政上の処分の場合にはそこまで高度な立証が求められないので、行政上の処分として求められる程度に根拠事実を明らかにできれば、刑事上は嫌疑不十分とされていても処分をすることができます。

運転免許の効力の停止又は取消しの処分を行った場合、あるいは次の運転免許の更新に際して不利益となった場合には、相手方から違反事実の存否が争われることがあります。処分の根拠となった事実の存在を都道府県公安委員会として、明らかにしなければなりません。警察官の現認がしっかりと明らかにされ、書面に残されていないと、事実の立証に影響が及びます。進路変更禁止違反の現認地点が争われ、処分が取り消されるといった事例などがありますから、十分に気を付けることが必要です。

運転免許の取消しは、その者が重大な違反をした場合に行われるのが一般ですが、認知症や意識喪失を繰り返すなど運転免許を与えることのできない状態になっている者に対しても行われます。

運転免許上の処分は、相手方に対して、処分の内容及び理由を記載した書面を交付して行います。所在不明で交付できない相手方は、いわゆる免許手配の対象とされています。警察官は発見した場合、日時及び場所を指定して、その書面の交付を受けるために出頭すべきことを命じることができます（104条の３）。

4　放置車両対策に関する制度

　違法に駐車されている車両で、運転者が離れていてすぐに運転でき
ない状態にあるものを「放置車両」といいます。放置車両の場合には、
違法駐車であることは明らかでも、駐車をしたところを警察官が見て
いないので、本人が自認しないと、違反者を特定することに困難があ
ります。

　このため、違反者ではなく、車両の使用者の責任を追及する制度が
設けられています。「使用者」とは車両の運行について決定権を持つ者
で、車両ごとに自動車検査証（車検証）で明らかにされています（所
有者と一致することが通例ですが、車をローンで買っていると所有権
は販売店側に留保されているので、異なります。）。使用者は、放置駐
車となることを防ぐ義務を負っています。

　警察官が放置車両を確認した場合には、標章（確認標章）を取り付
けます。都道府県公安委員会が、放置車両の使用者に対し、弁明手続
（弁明書と有利な証拠の提出の機会を与えること）をとった上で、放置
違反金の納付を命じます。反則金とは異なり、放置違反金は納付義務
があります。納付命令を履行しないと強制徴収の対象になるほか、
払っていない間は車検を受けられないことになっています。反則金は
国に入りますが、放置違反金は命令をした都道府県に入ります。

　放置違反金納付命令は、法律の制度上は、違法駐車をして放置車両
の状態にした運転者の法的な責任追及が行われなかったときの補完的
なものと位置付けられ、反則金の納付や検察官による公訴の提起がな
されなかった場合に限られています。もっとも、実際の運用では、放
置車両が交通事故の原因になった場合などを除くと、違反者本人が出
頭して自認したときを除けば、放置違反金の納付命令の手続によるこ
とになっています。

　放置車両の確認事務については、民間に委託されています。都道府
県公安委員会に登録された法人に委託し、確認は、駐車監視員資格証

を持った者が、定められた手順に従って行います。駐車監視員による確認は、取締り場所、時間帯などすべて公表されたガイドラインに従って行われます。現場での裁量はなく、当事者からの申立てなどがあっても、一切対応してはならないものとされています（言い分があるなら、弁明手続で主張してもらい、公安委員会が判断することになります。）。民間委託がされていても、ガイドラインにない個別の要望等に対応する放置車両の確認は、警察官のみが行うことになっています。

5　交通規制

　交通規制は、通行する者に、特定の行為を義務付け、あるいはしないように義務付けるものです。区間規制（線規制）は、道路の特定の区間を指定して規制をするもので、速度制限や駐車禁止などで用いられます。場所規制（点規制）は、道路の特定の地点を定めて規制をするもので、指定方向外通行禁止や一時停止などで用いられます。そのほか、一定の区域内の全道路について同じ規制を行う区域規制（面規制）もあり、住居地域を最高速度30キロで規制するゾーン30で用いられています。

区間（線）規制

場所（点）規制

区域（面）規制

　交通規制は、都道府県公安委員会が、道路における危険の防止など交通の安全と円滑の観点から、必要があると認めるときに行うものです（交通公害防止の目的で行われるときもあります。）。道路標識又は道路表示が手段として用いられます。道路標識は表示板に定められた図を記載したもの、道路表示は路面にペイントなどで線、記号又は文

字を表示したものです。それぞれの意味は、標識表示令で定められています。対象や日時を限定する交通規制の場合も、道路標識・道路表示によって行われます。通行禁止や、歩行者用道路などを短い期間（1月以内）に限って規制することは、警察署長に委任されています。

交通規制を行う場合に、緊急を要するため、道路標識等を設置するだけの時間がないときには、公安委員会が決定した交通規制を、警察官の現場の指示によって行うことが認められています。警察官自身が行う危険時の規制とは異なり、規制内容は公安委員会が決定し、その対外的な表示を、警察官の現場における指示で行うものです。

交通規制は、都道府県公安委員会（警察署長の交通規制の場合は警察署長）の意思決定に基づき、法令の定める種類・様式のものを、法令の定める方法によって設置された時点で効力を発生します。その後の管理が適切でなく、法令の定める機能等が保持されていないと、規制の効力がなくなってしまいますから、平素から標識表示の現況に問題がないかを確認することが大切になります。

第2節　銃砲刀剣類所持等取締法

1　規制される銃砲刀剣類

銃砲刀剣類所持等取締法は、銃砲刀剣類等の所持や使用などに関して、危害予防のための規制をする法律です。銃砲刀剣類は、人の殺傷機能を備え、犯罪の凶器として使用され、あるいは誤射や暴発等によって人の死傷を伴う事故を引き起こす危険性があるため、所持が原則として禁止されています。所持とは、自分の物にしていること、自分が管理し得る状態に置くことを広く意味します（法的な権利があるかどうかは関係がありません。権利がなくても、その物を支配していれば、所持していることになります。）。

規制の対象の主なものは、銃砲、クロスボウと刀剣類で、それ以外

の刃物については携帯だけが規制されています（刃物については、第2章第3節で説明をしています。）。

　銃砲とは、金属性弾丸を発射する機能を有する銃のことです。拳銃、小銃など火薬が燃焼するときのガスの圧力で弾丸を発射するもの（装薬銃砲）と、エアピストル、エアライフルなど圧縮した気体を使用して弾丸を発射する銃で運動エネルギーが高いもの（空気銃）があります。人を殺傷する能力のあるものに限られますが、壊れていても直せる程度のものであれば含まれます。銃砲の不法所持はすべて刑罰の対象ですが、重さは種類によって異なり、拳銃の場合は1年以上10年以下の懲役、猟銃（ライフル銃と散弾銃）の場合は5年以下の懲役又は100万円以下の罰金、その他の銃砲の場合は3年以下の懲役又は50万円以下の罰金となっています。

　クロスボウとは、引いた弦を固定し、解放することによって矢を発射する機構を有する弓のうち、矢の運動エネルギーが高いものです。ボウガンとも呼ばれます。この法律で「銃砲等」とは、銃砲とクロスボウを意味します。不法所持の刑罰はその他の銃砲の場合と同じです。

　刀剣類とは、刃渡り15センチメートル以上の刀の類（片方に刃があるもの）と、刃渡り5.5センチメートル以上の剣のほか、「あいくち」と呼ばれるもの、刃渡り5.5センチメートルを超える飛び出しナイフが含まれます。剣とは、両側に刃がついているものです。ダガーナイフと呼ばれるものなどですが、ダイバーズナイフ、スローイングナイフなどと呼ばれるものも刃渡りが5.5センチメートル以上であれば、剣として規制されます。不法所持の刑罰はその他の銃砲の場合と同じです。

　銃砲刀剣類の所持は原則として禁止されていますが、都道府県教育委員会が登録した古式銃砲及び刀剣類については、所持が認められます。古式銃砲は1867年以前に製造されたもの、刀剣類は美術品として価値のある日本刀が対象となっています。登録された物を所持する者

についての制限はありません（暴力団員でも持つことが可能です。）。

　空気銃に至らない程度のエアーソフトガンのうち、人を傷つける程度の威力のあるものについては、「準空気銃」として所持が禁じられます（所持許可の対象にもなりません。）。所持すると1年以下の懲役又は30万円以下の罰金の対象となります。模造拳銃についても所持が禁止され、20万円以下の罰金の対象となっています（ただし、銃腔に当たる部分を金属で完全に埋めてしまい、表面の全体を白色か黄色で塗ったものは模造拳銃から除外されています。）。模造刀剣類については所持の規制はありませんが、業務その他の正当な理由がある場合以外の携帯が規制されています。

2　銃砲刀剣類の所持許可

　銃砲刀剣類（クロスボウを含むので厳密には「銃砲等又は刀剣類」ですが、以下では単に「銃砲刀剣類」と記載します。）を所持するためには、法令に基づき職務のために所持する場合と、登録された美術品としての日本刀などの場合のほかは、都道府県公安委員会の所持許可を得ていなければなりません。一つひとつの銃砲刀剣類について、個別に許可を得ることが必要になっています。許可を受けた者が他人に所持させることは、通常はできませんが、業務目的（人命救助、動物麻酔、と殺又は漁業、建設業その他の産業の用途に供する目的）の場合は、その例外として、許可を受けた者の監督下で作業に従事する者が所持することが認められています。従業者については、事前に都道府県公安委員会に届出をしておく必要があります。

　銃砲刀剣類の所持許可は、狩猟、有害鳥獣駆除、標的射撃や前記の業務目的の場合に、申請者に不許可事由がなければ認められます。不許可事由としては、病気（アルコール等の中毒者、認知症が含まれています。）、前歴等が定められています。個別の事由に加えて、「他人の生命、身体若しくは財産若しくは公共の安全を害し、又は自殺をする

おそれがあると認めるに足りる相当な理由のある者」も不許可事由とされています。許可を受けた後に、不許可事由に該当したときは、許可を取り消すことになります。

　銃砲刀剣類所持の危険に対して住民等が不安を感ずることを踏まえ、何人も同居者、付近に居住する者、勤務先が同じ者が銃砲刀剣類を所持している場合に、その言動その他の事情から、その銃砲刀剣類により「他人の生命、身体若しくは財産若しくは公共の安全を害し、又は自殺をするおそれがある」と思料するときは、都道府県公安委員会に申し出ることができることが、法律で規定されています（29条）。この申出があったときは、都道府県公安委員会は、必要な調査を行い、申出の内容が事実であると認めるときは適当な措置をとらなければならないことになっています。

3　銃砲刀剣類の携帯時の義務

　銃砲刀剣類の所持許可を受けている者は、許可の用途に使う場合など正当な理由がある場合でなければ、携帯し、運搬をすることが禁じられています。「携帯」とは、身体に装着したり、携行品に入れたりして容易に取り出すことができる状態に置くことを意味します。「運搬」は、自己の支配下に置いて場所を移動することですが、ここでは、そのうち携帯に含まれない場合（容易に取り出すことができない状態に置いている場合）をさしています。登録された美術品としての刀などの場合も、正当な理由がなければ携帯し、運搬することはできません。正当な理由があって携帯、運搬する場合でも、使用できる場所を除き、銃砲等については、覆いをかぶせるか容器に入れておかなければならず、露出することはできません。また、発射できる場所以外で、銃砲等に実包、空包、金属性の弾丸又は矢を装塡することが禁じられています。

　正当な理由のない携帯、運搬は、２年以下の懲役又は30万円以下の

罰金と比較的重い処罰の対象となっています。露出させたり、装填した場合は、20万円以下の罰金となっています。

　携帯、運搬する場合は、それぞれ、所持許可証又は登録証を常に携帯することが義務付けられています。警察官は、銃砲刀剣類を携帯し、又は運搬する者に、許可証又は登録証の提示を求めることができます（24条）。提示を求めるのに具体的な理由は不要です。銃砲刀剣類を所持しているなら、許可証又は登録証を持っていなければならないので、それを警察官として確認することができます。許可証等の不携帯と提示要求を拒み、妨げ、忌避する（免れようとする）行為は、ともに20万円以下の罰金となっています。

所持の許可を受けた銃砲刀剣類を携帯・運搬するには…

- ○正当な理由
- ○見えないようにする（覆いをかぶせるか容器に入れる）　が必要
- ○所持許可証の携帯

　警察官は、許可証又は登録証の提示を求めるときは、身分を示す証明書を携帯し、提示することが義務付けられています。警察手帳が典型ですが、それ以外でも警察官の身分を示す公文書であればこれに含まれます。相手からの要求がなくとも提示義務があることに注意することが必要です。

　なお、狩猟に関連して、鳥獣の保護及び管理並びに狩猟の適正化に関する法律（鳥獣保護法）でも警察官の権限が認められています。狩猟は、狩猟免許を受け、シーズンごとに狩猟をしようとする区域の登録を受けなければなりません。狩猟をするときは、狩猟者登録証を携帯し、「国又は地方公共団体の職員、警察官その他関係者から提示を求められたときは、これを提示しなければならない」ことが定められています（鳥獣保護法62条）。狩猟時期以外に、許可を受けて鳥獣の捕獲

等を行う場合にも、許可証について同様の規定が置かれています（9条）。携帯義務、提示義務違反はともに30万円以下の罰金とされています。

1　拾得物の提出と遺失届の受理

遺失物法は、遺失物の拾得と返還に関する手続を定めた法律です。落とし物、忘れ物が遺失物の典型です。そのほか、埋まっていて誰の所有か分からない埋蔵物、誤って占有した他人の物（自分の物と間違って持って帰った他人の物）や他人が置き去って行った物件などの準遺失物も遺失物法の対象になっています。

これらの物件を拾得した者（遺失物を占有をした者）は、速やかに、遺失者に返還するか、警察署長に提出しなければなりません（4条）。提出先は法律上「警察署長」と書いてありますが、交番や駐在所に提出することで、警察署長に提出したことになります。また、提出先は最寄りの警察署に限定されていませんから、提出を受けた交番等に勤務する警察官は、それがどこで拾得されたものであっても、受理しなければなりません。

なお、パトロール等の所外活動中に拾得者から物件の提出の申出を受けた場合、物件内容を確認して関係書類を作成し、物件を適切に保管することが困難であるので、「パトロール等の用務に従事しているため物件の提出を受けることができない」ことを丁寧に説明し、最寄りの警察施設で提出を行うよう教示することになります。

法令の規定により所持が禁止されている物については、拾得者は、遺失者に返還してはならず、必ず警察署長に提出することが義務付けられます。覚醒剤など所持が禁じられている薬物、銃砲や刀剣類など許可のない所持が禁じられている物が該当します。犯罪の犯人が占有し

ていたと認められる物件についても同様になっています。

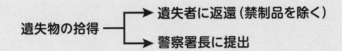

遺失物の拾得 ——→ 遺失者に返還（禁制品を除く）
　　　　　　　——→ 警察署長に提出

　鉄道などの公共輸送機関、遊園地、デパートなど人の集まる施設その他管理者が常駐する施設の中で拾得された物件は、拾得者は、その施設の占有者（管理者）に交付する（施設の管理者が後で警察署に提出する）ことになっています。次の項で述べる報労金も半分は施設占有者のものになります。このため、施設内で拾得した物を拾得者が交番に持参してきた場合には、施設の占有者の同意が得られれば、拾得者が施設占有者に交付し、それを占有者の使者の立場で警察に提出したものとして扱うことになっています。

　所有者の分からない犬やねこについては、動物愛護法（動物の愛護及び管理に関する法律）により、拾得者が都道府県等の担当部局に引取りを求めることができますから、それが優先されることになっています。

　拾得者から物件の提出を受けた警察官は、提出を受けたことを証する書面（拾得物件預り書）を作成して交付します。拾得者が権利を放棄した場合に本人の署名を求め、所有権を取得できない場合にその説明をすることになっています（拾得者の権利と拾得者が権利取得できない場合については、次の項で説明します。）。拾得者の氏名・住所を遺失者に伝えるのは、拾得者本人の同意がなければならない（11条）ので、同意したときは、拾得物件控書に署名を得ることになっています。

　拾得物件預り書の交付は警察の義務ですが、拾得物を提出した者が氏名を告げずに立ち去ろうとする場合、物件に関する権利を放棄する旨を告げて立ち去ろうとする場合などのように、受領する意思がない

ことが明らかで、交付できなかったときは、その状況を拾得物件控書の備考欄に記録することになっています。

遺失届については、遺失物法に規定がありませんが、規則で遺失届出書を受理すること等が定められています。

なお、拾得者の氏名等を遺失者に伝えるのには拾得者の同意が必要ですが、拾得者が自分の氏名等を遺失者に伝えることに同意をしている場合、拾得者の求めに応じて、遺失者の氏名等を伝えることができます（遺失者の同意は必要ありません。）。

拾得者から提出された物件は、遺失者に返還されるべきものですが、遺失者が分からないときは、警察が公告をすることになっています。

2　拾得者の権利と拾得者が権利取得できない場合

拾得者は、物件の返還を受ける遺失者から、報労金を受ける権利があります（誤って他人の物を占有したときはありません。）。報労金の額は、価格の5％以上20％以下です。具体的にこの間のどの額になるのかは、遺失者と拾得者の話し合いで決めるべきことです（警察は関与しません。報労金が払われていないことを理由に警察が返還しないということはできません。）。また、施設内（国や地方公共団体の施設を除きます。）で拾得された物件については、報労金の半分は施設占有者のものになります。

遺失物について、警察が公告をしてから3月以内に所有者が判明しないときは、拾得した者が所有権を取得します（民法240条）。報労金と異なり、施設占有者に半分の権利が帰属するわけではありません。所有権を取得してから2月以内に引き取らないと拾得者の所有権は失われます。

なお、保管等に費用を要した場合には、拾得者がその物の権利を取得したときは、拾得者が負担することになります。

法令の規定により所持が禁止されている物や遺失者以外が持つこと

が不適切な物については、拾得者が所有権を取得できないことが定められています（遺失物法35条）。覚醒剤など規制薬物の場合に拾得者の物にならないのは当然のことです。銃砲刀剣類の場合には、拾得者の所有権取得の対象になりますが、許可又は登録を受けなければ引渡しを受けることができません。

　遺失者以外が持つことが不適切な物として、①個人の身分・地位や一身に専属する権利を証する文書・図画や電磁的記録、②個人の秘密に属する事項が記録された文書・図画や電磁的記録、③遺失者・関係者の個人住所又は連絡先が記録された文書・図画や電磁的記録、④個人情報データベース等が記録された文書・図画や電磁的記録、が定められています。運転免許証、旅券、身分証明書、健康保険被保険組合員証、預金通帳、クレジットカード、キャッシュカード、定期券などが①に当たります。手帳、日記帳、家計簿、個人的記録が保存されているパソコン、スマートフォン、タブレット、外部記録媒体などが②に当たります。なお、パソコン等でも、未使用であることが客観的に明らかなもの（購入したときの梱包状態のままで遺失されたもの）の場合には、中に個人的事項が記録されていないことが明らかですから、②には含まれず、拾得者が権利を取得できます。③には住所録などが当たります。④には企業の顧客リストなどが当たります。なお、市販の電話帳や住宅地図、カーナビなどは、「広く一般に流通している」ものとして④から除外されます。

　拾得した日から１週間以内に物件の提出をしなかった場合には、報労金を請求する権利や所有権を取得する権利を失います。施設内で拾得した場合で24時間以内に施設の占有者に交付しなかったときも同様です。施設内の場合と一般の場合とで権利を失う期間が異なっています。

第4節　その他の警察権限法

1　ストーカー規制法

　ストーカー規制法（ストーカー行為等の規制等に関する法律）は、恋愛感情等から相手方につきまとい、不安を覚えさせるような行為を禁止し、行った者に対して、警察が文書による警告や禁止命令を行うことができることと、つきまとって不安を覚えさせるような行為を繰り返したときに「ストーカー行為」として処罰の対象とすることを定めています。

　この法律の規制の対象になるのは、「つきまとい等」と「位置情報無承諾取得等」ですが、いずれも「恋愛感情その他の好意の感情又はそれが満たされなかったことに対する怨恨の感情を充足する目的」で行ったときに限られています。警察へのストーカー相談の中には、目的不明であったり、異なる目的動機（悪意によるものなど）のものがあります。同種の行為を異なる目的で行った場合について、都道府県の迷惑防止条例で処罰対象にしているところがかなりあります。

　つきまとい等として、八つの行為類型が定められています。つきまとい・待ち伏せ・見張り・うろつき・住居等への押しかけ、監視していると告げる行為、面会・交際の要求、乱暴な言動、無言電話・連続した電話・文書・メール・SNSメッセージ等、汚物などの送付、名誉を害する行為、性的羞恥心を害する行為です。恋愛感情等を抱いた相手方に対する行為だけでなく、その親族など、社会生活において密接な関係を有する者を対象にする場合も含まれます。

　位置情報無承諾取得等として、相手方の承諾を得ないでGPS機器等により位置情報を取得する行為（相手方のスマホに無断でインストールした位置情報アプリを利用してそのスマホの位置情報を取得することを含みます。）と、相手方の承諾を得ないで相手方の所持する物にGPS機器等を取り付ける行為が定められています。

第2部　その他の警察行政法の基礎知識（適正な職務執行の基盤となる警察行政法）

166

被害相談者の要望等を踏まえつつ、警察において、文書による警告、禁止命令、刑事手続がとられることになります。刑事事件としては、ストーカー規制法のストーカー行為罪だけでなく、一般の刑法（住居侵入、脅迫、器物損壊、暴行、窃盗など）や特別法（迷惑防止条例違反、銃刀法違反など）が適用されることもあります。

　警告は、本人の申出があった場合に限って行われます。禁止命令は、本人の申出があったときのほか、申出なしに職権で行うことも認められています。禁止命令は、都道府県公安委員会の権限ですが、警察本部長に委任されています。聴聞手続をとって行うことが原則ですが、緊急の必要がある場合には、聴聞をしないで、命令をすることが認められています（聴聞については第8章第2節で説明をします。）。

　刑事手続のための事実の調査は、刑事訴訟法に基づく犯罪捜査として行われます。一方、ストーカー規制法では、警告をするために必要がある場合や、禁止命令のために必要がある場合には、違反者と認められる者その他の関係者に対して、警察本部長等が報告・資料の提出を求め、警察官を含む警察職員に質問をさせることができるという事実調査の権限を定めています(13条)。権限として行うことができますが、相手方は、応じなかったとしても罰則等はありません。

　警察本部長又は警察署長は、ストーカー被害者から援助の申出があり、その申出を相当と認めるときは必要な援助を行うこととされているほか、ストーカーに係る被害を防止するための措置を講ずるよう努めなければならないことが規定されています（7条）。

　また、「ストーカー行為等に係る相手方の保護、捜査、裁判等に職務上関係のある者は、その職務を行うに当たり、当該ストーカー行為等の相手方の安全の確保及び秘密の保持に十分な配慮をしなければならない」ことが定められています（8条)。警察官は、この規定の意味を十分認識して対応することが求められます。

2 児童虐待防止法と配偶者暴力防止法など

　児童虐待防止をはじめとする家庭内暴力事案への対応は、今日警察にとって重要な課題になっています。警察に特別な権限を与えたものはありませんが、法律の中で、警察の関わりについて定めが置かれています。

(1) 児童虐待防止法

　児童虐待防止法（児童虐待の防止等に関する法律）は、児童虐待について、虐待の禁止、早期発見、通告、都道府県知事及び児童相談所長の権限などを定めています。この法律で「児童虐待」とは、保護者（親権者）が18歳未満の者（児童）に対して、①児童の身体に外傷が生じ、又は生じるおそれのある暴行を加えること（身体的虐待）、②児童にわいせつな行為をすること又はわいせつな行為をさせること（性的虐待）、③児童の心身の正常な発達を妨げるような著しい減食、長時間の放置など保護者としての監護を著しく怠ること（怠慢・拒否、ネグレクト）、④児童に対する著しい暴言又は著しく拒絶的な対応など児童の心身に著しい心理的外傷を与える言動を行うこと（心理的虐待）を意味しています（2条）。保護者以外の同居者が①、②、④の行為をするのを放置しているのは、保護者の行為として③に含まれます。また、同居する家庭における配偶者に対する暴力が④に当たることが、法律で明確に規定されています（「面前DV」と呼ばれていますが、法律の規定上、子どもの面前で行われたときに限定されているわけではありません。）。

児童虐待とは
保護者が18歳未満の者に対して行う次の行為

身体的虐待	性的虐待	ネグレクト	心理的虐待
殴る、蹴る、叩く、投げ落とす、激しく揺さぶる、やけどを負わせるなど	児童に対し性的行為を行う性的行為をみせるなど	家に閉じ込める食事を与えないひどく不潔にするなど	言葉により脅かす無視する児童の目の前で配偶者に対して暴力をふるうなど

児童虐待に対応するのは、児童相談所と市町村です。児童相談所は、都道府県と大都市（政令指定都市）が主として設置しています（市が児童相談所を設置している場合は、この法律の都道府県知事の権限は市長が行使します。）。児童虐待を受けたと思われる児童を発見した者は、速やかに、児童相談所などの対応する権限を有する機関に通告しなければならないことが定められています（6条。なお、警察ではすべて児童相談所に通告する扱いになっています。）。都道府県警察と警察官は、学校と教職員、児童福祉施設とその職員、病院と医師・看護師などと並んで、「児童虐待を発見しやすい立場にあることを自覚し、児童虐待の早期発見に努めなければならない」ことが定められています（5条）。

　児童相談所長が児童の安全確認、一時保護、立入調査又は臨検捜索をする場合に、警察署長に援助要請をすることができ、要請を受けた警察署長は、児童の生命又は身体の安全を確認し、又は確保するために必要があると認めるときは、速やかに、所属の警察官に、職務執行を援助するために必要な措置を講じさせるよう努めなければならないことが、規定されています（10条）。「職務執行の援助」というのは、児童相談所の権限を代わって行使したり、直接物理的に児童相談所の職員の手助けをするという意味ではありません。警察官が同行し、警戒し、相手方が暴行をしようとしたらそれを警察官職務執行法に基づいて制止をする、場合によっては現行犯逮捕する、という警察としての権限を行使することで、児童相談所職員が職務執行をすることができる環境を確保するということを意味します。

(2)　配偶者暴力防止法

　配偶者暴力防止法（配偶者からの暴力の防止及び被害者の保護等に関する法律）では、被害を防ぐ制度として、裁判所の保護命令を定めるほか、支援組織としての配偶者暴力相談支援センターと、被害者の保護に関する規定を設けています。「配偶者からの暴力」とは、配偶者

からの身体に対する暴力（身体に対する不法な攻撃であって生命又は身体に危害を及ぼすもの）又はこれに準ずる心身に有害な影響を及ぼす言動を意味しています。事実婚の関係の場合も含まれますし、婚姻中に被害を受けていた場合には離婚後も対象となります。このほか、生活の本拠を共にする交際関係の場合について、配偶者からの暴力に準じて、関係規定が準用されることになっています。

　保護命令は、裁判所が、被害者の申立てを受けて発する命令で、非同居の場合には接近の禁止、同居の場合は退去を命じるものです。迅速に審理をするために、被害者が警察に相談していた場合は、裁判所から求めがあれば、警察は、相談した際の状況とそれに対してとった措置の内容などを記載した書面を提出することになっています。保護命令に違反すると刑事罰の対象となります。このため、保護命令が発出されると、警察に通知がくることになっています。

　配偶者暴力の場合、児童虐待の場合のような事案防止のための責任行政機関はありません。裁判所は、行政機関とは異なり、法律に基づく命令をするだけで、被害者の保護や加害行為者に対する指導等を行うことはありません。被害者の保護や支援は都道府県が主に設置している配偶者暴力相談支援センターが担当します。加害行為者に対して命令に反しないように指導するのは、警察が犯罪予防のための事実行為として行っています。

　配偶者からの暴力のうち、身体的な暴力に関しては、発見者は配偶者暴力相談支援センター又は警察官に通報するよう努めなければならないこととされています。警察官は、通報等により配偶者からの暴力が行われていると認めるときは、警察法、警察官職務執行法その他の法令の定めるところにより、暴力の制止、被害者の保護その他の配偶者からの暴力による被害の発生を防止するために必要な措置を講ずるよう努めなければならないことが規定されています（8条）。このほか、警察署長等による援助、関係機関の連携協力に関する規定が被害者保

護の観点から設けられています。警察を含めた関係機関は、被害者の保護に係る職員の職務の執行に関して被害者から苦情を受けたときは、適切かつ迅速に処理するよう努めるとの規定も置かれています。児童虐待の場合とは異なり、被害者は成人ですから、本人の意思を無視して介入することは問題があります。児童虐待では児童相談所、高齢者虐待と障害者虐待の場合には市町村長の権限として、立入調査を行うことが法律で定められていますが、配偶者からの暴力の場合は、立入調査の制度は設けられていません。

(3) その他

高齢者の虐待については高齢者虐待防止法（高齢者虐待の防止、高齢者の養護者に対する支援等に関する法律）、障害者については障害者虐待防止法（障害者虐待の防止、障害者の養護者に対する支援等に関する法律）がそれぞれ定められています。いずれも、虐待を受けたと思われる者を発見した場合の通報、立入調査時における警察署長への援助要請に関する規定が置かれています。

3　暴力団対策法

暴力団対策法（暴力団員による不当な行為の防止等に関する法律）は、暴力団の不当な行為によって被害を受ける市民を保護するための法律です。具体的には、指定された暴力団（指定暴力団）の構成員が、暴力団の威力を示して暴力的な要求行為を行うことを禁止し、行われた場合は都道府県公安委員会が中止を命令し、命令に違反した場合には3年以下の懲役又は500万円以下の罰金に処すことを定めています（中止命令以外に再発防止命令もあります。）。禁止される要求行為として、不当贈与要求行為、みかじめ料要求行為、用心棒料等要求行為、高利債権取立行為など27の類型が定められています。少年に対する加入の強要・脱退妨害、威迫による加入の強要・脱退妨害についても同様に、命令とその違反に対する処罰が定められています。

規制の対象になるのは、指定された暴力団の構成員の行為です。指定は、①資金獲得のために威力を利用することを構成員に容認していること、②犯罪経歴保有者が一定の割合（普通の人の集まりではあり得ない割合）以上存在すること、③代表者等の統制の下に階層的に構成されていること、という三つの要件を満たしている場合に、本拠地を管轄する都道府県公安委員会が、国家公安委員会の確認を受けた上で行います。外部有識者である審査専門委員が認めないと確認はできません。実際に指定されている団体は、いずれも典型的な暴力団そのものです。この法律では、暴力団は「その団体の構成員が集団的又は常習的に暴力的不法行為等を行うことを助長するおそれがある団体」と定義されていますが、この定義だけだと、本当は暴力団とは違う団体なのに、警察が暴力団に当たると判断して規制を及ぼす、という可能性が残ってしまいます。法の規制の及ぶ対象をはっきりさせているのが指定の制度です。指定という仕組みによって、本来の暴力団以外にこの法律の規制が絶対に及ぶことがないようにしているのです。「暴力団を指定して存在を認める」という趣旨ではないことは当然のことです。

　暴力団対策法は、そのほかに、対立抗争時における事務所の使用制限命令、指定暴力団の組長の損害賠償責任の明確化、民間の暴力団追放推進を担う都道府県暴力追放運動推進センターの指定など様々な仕組みを設けています。

　暴力団の一部が特に危険な存在になり得ることを踏まえ、特定危険指定暴力団と特定抗争指定暴力団の指定制度が設けられています。特定危険指定暴力団に指定されると、警戒区域内では、不当要求行為が命令対象ではなく、直接の刑事罰の対象となります。特定抗争指定暴力団に指定されると、警戒区域内では、暴力団事務所への立入りが禁止されます。

　全国の都道府県で、暴力団排除条例が制定されています。暴力団排

除条例は、地方公共団体、住民、事業者等が連携・協力して暴力団排除に取り組むこととし、暴力団の利益となるような行為の禁止や青少年に対する暴力団の悪影響排除のための措置等を定めています。暴力団対策法と異なり、暴力団の側だけでなく、暴力団に資金を提供する事業者などの側も規制をしています。

　なお、「半グレ」などと呼ばれる準暴力団については、つながりが流動的で、暴力団のような明確な組織構造はないため、暴力団対策法や暴力団排除条例の対象になっていません。

第 8 章

市民側の権利・利益を保護するための法制度

　この章では、警察の諸活動によって、権利が侵害され、あるいは利益が損なわれる立場にある者の権利や利益を保護するための法制度について説明します。警察の目的達成の観点からではなく、それとは異なる市民の側の利益保護がテーマになります。

　個人情報保護法については、個人情報保護の基本（考え方と保護の仕組みの概要）と厳格な管理の重要性を中心に説明します。第2節では、違法な活動を防ぐための事前手続を定める法律（行政手続法）と違法な活動があった場合の事後的な救済に関する法律（国家賠償法、行政不服審査法及び行政事件訴訟法）について、概略を説明します。

個人情報保護法

市民側の権利・利益の保護

国家賠償法 　行政手続法

行政不服審査法 　行政事件訴訟法

第1節　個人情報保護法

1　個人情報保護の基本

　個人に関する情報が本人の知らないところで集められ、悪用される

と、本人の権利や利益が侵害されることにつながります。情報によっては、人間としての尊厳が傷つけられることにもなります。情報技術の発達により、膨大な情報が蓄積され、分析されるようになると、一つひとつはたいしたことのないようにみえる情報でも、思ってもみなかった影響が及ぶ可能性が生まれています。このため、プライバシーに関する情報だけを保護するのではなく、個人が特定される情報についてはすべて法律上の保護の対象とするという考えがとられています。

　個人情報保護法は、「個人情報の有用性に配慮しつつ、個人の権利利益を保護する」ことを法の目的とし、個人情報は「個人の人格尊重の理念の下に慎重に取り扱われるべきもの」であり「適正な取扱いが図られなければならない」という基本理念に立って、公的機関（国の機関だけでなく、地方公共団体を含みます。）と民間の事業者の双方に対して、個人情報の取得の制限、安全な管理と漏えいの防止義務、第三者への提供の制限、本人からの開示請求と訂正請求などについて定めています。責任機関として個人情報保護委員会が国に置かれ、監督が行われています。

　個人情報とは、生存する「個人に関する情報」であって、その情報に含まれる氏名等の記述によって特定の個人を識別することができるものと、個人識別符号が含まれるものとを意味します。死んだ人の情報は、個人情報には含まれません（死んだ人の情報が同時に生存している遺族等の個人に関する情報でもある場合は生存者の個人情報として保護されます。）。文字として表されるものだけでなく、映像情報（例えば防犯カメラに記録されたもの）でも特定の個人が識別できるものは含まれます。その情報だけからは分からなくても、他の情報と容易に照合することができて、それによって特定の個人が識別できるものも対象になります。「個人識別符号」とは、個人と一対一で対応している情報のことで、DNA型情報や指紋情報のような身体特徴に関する情報と、旅券や運転免許証などの番号が含まれます。携帯電話番号、ク

レジットカード番号、メールアドレスなどは、個人と一対一で対応しているわけではないので、個人識別符号ではありません。他の情報と同じく、それと氏名等とが結び付いている場合に個人情報になります。

警察を含めた公的機関が個人情報を保有するのは、法令の定める所掌事務（警察の場合は警察法2条1項の責務）を遂行するために必要な場合に限られること、その利用目的をできるだけ特定し、利用目的達成に必要な範囲を超えて保有してはならないことが、定められています。取得は適正に行い、不適正に利用してはなりません。他の目的に利用し、あるいは他の公的機関に提供するのは、法令の規定に基づくか、本人の同意がない場合には、利用又は提供するだけの相当な理由がなければなりません。

民間の事業者のうち同法の適用を受けるもの（個人情報データベース等を保有するもの）には、ほぼ同様のルールが設けられています。警察が民間の事業者から個人情報を収集する場合、その民間事業者にとっては、警察に提供するのは「第三者提供」に当たります。このため、本人の同意を得ないで提供できるのは、法令に基づく場合（刑事訴訟法の捜査関係事項照会など）のほかは、警察の事務の遂行に協力する必要があり、本人の同意を得ることがその事務の遂行に支障を及ぼすおそれがある場合などに限られることになります。

2　警察の特殊性と厳格な管理の必要性

警察の活動の様々な面で、個人情報の収集が行われ、あるいは保有する個人情報が用いられています。非常に広い範囲の個人情報が大量に集められ、日常的に取り扱われているのが警察の特徴です。

個人情報の中でも、特に配慮すべきものとして、「要配慮個人情報」が個人情報保護法で定められています。人種、信条、社会的身分、病歴、犯罪の経歴、犯罪により被害を被った事実、心身の障害などです。犯罪の経歴そのものではなくとも、本人が被疑者又は被告人として、逮

捕、捜索、差押え、勾留、起訴、少年法の審判、保護処分等が行われたことも含まれます。無罪判決を受けた場合も同様です。民間の事業者は、本人の同意なしに要配慮個人情報を取得することが原則として禁じられています。公的機関の場合も、直接の規定はありませんが、要配慮個人情報の取得及びその後の取扱いにおいて慎重でなければならないのは当然のことと考えられています。要配慮個人情報の漏えいがあったときは、個人情報保護委員会に報告することが義務付けられています。

　なお、都道府県・市町村が個人情報保護法を施行する条例の中で条例要配慮個人情報を定めている場合には、その都道府県・市町村に限って、要配慮個人情報となります。

　警察の場合、犯罪経歴や捜査対象者となったことに関する情報、犯罪被害を受けた情報などの要配慮個人情報を保有しています。さらに、犯罪捜査や組織犯罪対策・テロ対策などの場面では、個人に関する様々な情報を収集することになります。その中には、病歴のような要配慮個人情報や人が知られたくないと通常思っている事柄に関する情報も含まれてきます。警察だから当然そういった情報を保有することができるというのではなく、ある目的のために必要があるから収集するものであること、保有や利用がその目的の達成に必要な範囲に限られるものであることを、決して忘れてはいけません。

　そして、そういった他の機関や民間事業者が保有できない情報については、他の個人情報の場合以上に、他者への提供には厳格な制約が及びます。当然のことですが、漏えいが絶対に起きないように特に注意しなければなりません。

1 事前手続と事後救済の全体像

　警察を含めた行政機関は、それぞれの任務（責務）を遂行する上で、様々な活動を行います。その過程で、関係者の権利や自由あるいは法的に守られるべき利益を、不法に侵害しないことが求められますし、もし侵害した場合には、侵害が回復されることが必要です。事前に相手方の言い分を聞くなどの手続をとるのが「事前手続」、事後に違法な処分を取り消して元の状態に戻し、損害を賠償するのが「事後救済」になります。

　行政機関の活動は、大きく分けると、法的地位を変動させるもの、事実状態を変動させるもの、法的効果を生じないもの、の三種類があります。「法的地位を変動させるもの」を処分（行政処分）といいます。運転免許の取消しは、自動車等を適法に運転する資格を失わせます。ストーカー規制法の禁止命令は、受けた相手方にその行為を行うことを禁止し、もし行った場合に命令違反として処罰を受ける立場にするものです。いずれも処分に当たります。処分は、相手方にとって不利な効果を発生させるものだけではありません。申請に基づく運転免許の付与、申請に基づく銃砲の所持許可は、それぞれ自動車等の運転、銃砲の所持について、法的な禁止を解除し、適法に行うことができるようにするもので、いずれもここでいう「処分」に当たります。「事実状態を変動させるもの」は、強制としての事実行為と呼ぶことができます。強制としての事実行為には、直接強制として行われるものと、応じる法的義務を相手に負わせるものとがあります。警察官職務執行法の保護（1号該当者の保護）や制止は、直接強制として行われ、警察官が自らの力で求められる状態を実現するものです。法律に基づく調査のための立入り（例えば児童虐待が疑われる場合の児童相談所の行う立入り）は、相手方に応ずる法的な義務を課すものです。最後の

「法的効果を生じないもの」には、警察官等が自ら行う任意手段（相手方の権利や自由を制限しないもの又は相手の承諾を得て行われるもの）と、相手方に何らかの行為をするように求める指導（行政指導）とがあります。警察では任意手段が多く用いられますが、一般の行政機関は、相手方に特定の行動を求める指導（行政指導）をするのがほとんどです。指導は法的な義務付けではありませんが、事実上の影響力を持っています。

行政機関の活動

行政処分 法的地位を変動させるもの	事実行為（強制） 事実状態を変動させるもの	任意活動 法的効果を生じないもの
・運転免許の取消し ・つきまとい等をした者に対する禁止命令 ・銃砲の所持許可	・保護 ・危険時の立入り ・火薬類取扱場所の立入検査	・任意手段 ・行政指導

行政処分は、相手方にとって不利な効果を発生させるものだけではないことに注意

　これらのうち、主として継続的な法的効果を生じさせる処分について、事前手続が法律で求められています。行政手続法が規定している場合もありますが、それぞれの法律で個別に定めている場合もあります。処分の中でも、警察官の現場での指示や命令のように、一時的な性格のものについては、事前手続の対象外となっています。

　行政機関の違法な活動によって損害を受けた者に対して、国又は地方公共団体が金銭的な補償（国家賠償）をするのが国家賠償制度です。法的な処分だけでなく、強制的な事実行為も、任意活動も対象になります。現場での警察官の指示のような一時的な性格のものも、すべて含まれます。

違法な処分を受けた当事者が、行政機関に申立てを行い、行政機関の判断によって処分の法的な効果を失わせようとするのが、行政不服審査です。裁判所に申立てを行って、裁判で処分の法的な効果を失わせようとするのが、行政事件訴訟です。

以下、これらの制度を定めた法律を順に説明します。

2　行政手続法

行政手続法の中心は、不利益処分における事前手続です。不利益処分をするには、事前に通知して処分理由を伝え、相手方に反論の主張・立証の機会を与えることが必要とされます。許可の取消しのような相手方にとって重い影響のある処分の場合には事前の聴聞を要します。聴聞は、正式な手続で、聴聞の主宰者の下に行政側の職員と相手方が出席し、審理のようなものが行われます。それほど重くない処分の場合には、略式の弁明の機会の付与が行われます。弁明手続では、相手方は書面によって、弁明や自らに有利な証拠を提出することになります。聴聞や弁明の具体的な手続については、法律によって、一部異なる扱いがなされています。例えば、運転免許の取消処分や90日以上の効力の停止の場合には、聴聞と類似した手続がとられますが、聴聞の場合とは異なり、相手方に資料の閲覧を認めるということになっていません。このため、警察の中では「聴聞」と呼ばれていますが、法律の上では、「意見の聴取」として、聴聞と異なるものであることが示されています。また、放置違反金の納付命令の場合、行政手続法では金銭納付命令だけなら事前手続は不要とされていますが、不払いの場合に車検が拒否されるという効果が生まれることも考慮して、弁明書と有利な証拠の機会を与えることになっています。ストーカー規制法では、緊急を要するときは、聴聞を省略して禁止命令をし、その後に意見の聴取をすることにしています。

不利益処分や申請を拒否する処分をする場合には、同時にその理由

を示さなければならないことになっています。このほか、4で説明する不服申立てが可能な処分を書面でする場合には、不服申立先と不服申立可能期間を教示することが義務付けられています（行政不服審査法82条）。また5で説明する取消訴訟が可能な処分を書面でするときも同様の規定が置かれています（行政事件訴訟法46条）。

　行政手続法では、処分と並んで行政指導に関する規定も置いています。そのほか、他の者からの処分の求め、さらには法律以外の法令を定める場合の意見公募（パブリックコメント）などについても規定を置いています。

　もっとも、「刑事事件に関して（中略）司法警察職員が行う処分及び行政指導」や「公益に関わる事態が発生し又は発生する可能性がある現場において警察官（中略）によってされる処分及び行政指導」については、この法律の規定が適用されないことが明記されていますから、警察官の現場的な活動にはほとんど関係しない法律だといえます。

　なお、警察を含めた都道府県の機関の場合、国の法令に基づくものは行政手続法ですが、条例に基づくものや行政指導については、都道府県の行政手続条例が定めています。その場合でも、現場的な活動は除かれていますから、実質的に変わりはありません。

3　国家賠償法

　国家賠償法は、国又は地方公共団体の違法な活動によって、権利や法的な利益を侵害された者に対して、国又は地方公共団体が損害を賠償する責任を負うことを定めています。

　対象となるのは、「公権力の行使」に当たる公務員の「その職務を行うについて」起きたものです（1条）。警察官の職務執行や犯罪捜査は、強制、任意を問わずすべて当てはまりますが、それだけでなく、公の機関として、民間とは異なる立場での活動であれば広く含まれます。報道発表なども対象になります。

「故意又は過失によって違法に他人に損害を加えた」場合に、賠償が行われます。公務員は違法な活動をしてはいけないのですから、違法であることが認定されると、故意・過失もあるとされるのが通常です。

法律に定められた権限行使の場合、法律の趣旨に沿い、法律の要件に従って行われる限り、相手方又は第三者に損害を与えても、違法とはなりません。逮捕した被疑者が裁判で無罪となっても、逮捕自体が法律にのっとって行われていれば違法とはなりません。犯罪の制止や危険時の立入りの場合に、客観的合理的な判断で該当するとして権限を行使したが、それが結果として間違っていたときも、違法となるわけではないので、賠償責任はありません。これに対して、単なる思い込みで行動したら違っていたというときは、要件を欠いたものとして、違法になります。法律に具体的な定めのない活動については、一般的な限界を超えている場合（任意活動として許される範囲を超え強制になった、公的な必要性を超える不利益を与えたなど）や必要な注意を払わなかったために損害が起きた場合には、違法な活動として賠償の対象になります。

行き過ぎの場合だけでなく、行うべきことを行わなかったために被害が生じた場合も対象になります。犯罪捜査を含む現場的な職務執行の場面では、国民の生命や身体に対する加害行為が行われる具体的な危険が切迫していて、警察官がそのような状況を容易に知ることができて、その時点で実際に可能な措置ができたのにしなかったときには、賠償すべきものとされます。

国家賠償法の適用がある場合には、国又は地方公共団体が賠償責任を負うので、公務員個人は賠償責任を負いません。警察官が職務中に行った行為について、被害を受けたとする者から訴えられた場合、職務中の行為であることを主張するだけでいい（違法だったかどうかなどの争いに反論したりする必要はない）ということです。公務員以外の者の場合に、行為者個人も賠償責任を負っていて、訴えられたら自

分で争わなければならないのと、大きく異なっています。

　国又は地方公共団体が実際に被害者に賠償をした場合のうち、公務員が故意に違法なことをしたときと、公務員に重大な過失があったときに限って、公務員個人に対して求償する（国や地方公共団体が支払ったものを公務員個人に対して請求する）ことが認められています。警察官は、意図して違法なことを行ったときや、警察官として普通なら間違えないような大きな間違いをしたとき以外は、被害者にも、被害者に賠償をした都道府県に対しても、金銭的負担を負わないことになります。

　国家賠償法は、公務員による違法な行為の場合以外に、国又は地方公共団体が設置する道路などの設置や管理に欠陥があった場合に、賠償責任を負うことを定めています。信号機の欠陥が原因となって交通事故が起きたという場合が対象になります。

　国家賠償法は、公務員による違法な行為の場合と、設置管理する物に欠陥があった場合だけを定めています。適法な行為によって損害を受けた者がいても、国や地方公共団体が損害賠償責任を負うことにはなりません。適法な行為によって損害を受けた者に国や地方公共団体が支払うのは「損失補償」と呼ばれます。損失補償は常に行われるのでなく、特別な制度があるときに限られます。逮捕勾留された者が無罪になった場合、有罪判決を受けて刑務所に収容された者が再審で無罪になった場合には、それまでの逮捕、勾留、刑の執行自体は適法であっても、刑事補償法に基づいて、刑事補償が行われます。

4　行政不服審査法

　行政機関の処分に不服がある者は、その処分をした行政機関（上位機関がある場合にはその上位機関）に対して、不服申立てを行うことができます。違法な処分の場合だけでなく、内容的に不当な処分も対象になります。警察の場合は、都道府県公安委員会が不服申立先にな

ります。法律で特別な不服申立先が決められている場合もあります。地方公務員が不利益処分を受けた場合に人事委員会に対して不服を申し立てるのがその例です。

　行政不服審査法が基本的に適用されますが、法律で例外とされ、あるいは特別のことが定められている場合があります。

　運転免許の取消処分、効力の停止処分、放置違反金納付命令などが「処分」として対象になります。許可の申請をして、相当な期間がたっても何の処分もされていない場合には、不作為について不服申立てをすることができることになっています。継続的な物の留置や人の収容も処分に含まれますが、刑事訴訟法に基づく司法警察職員としての処分は対象外になっています。警察官の現場的な処分については、適用除外とされているわけではありませんが、すぐに効果が終わってしまうものであるので、実質的には行政不服審査法の適用がある場面はありません。

　行政不服審査法の不服申立ては、「審査請求」として行われます。処分があったことを知った日から３月以内に、書類を提出して行います。適法な審査請求があると、審理が行われ、裁決として結論が示されます。請求を認める場合は、処分の取消しをするのが一般的ですが、変更をすることもできます。

5　行政事件訴訟法

　行政機関の処分が違法である場合には、それによって不利益を受けた者は裁判所に訴訟を提起することができます。行政不服審査の場合とは異なり、違法なものだけが対象であって、単に不当であるというだけでは対象になりません。

　処分の効力を否定するには、取消訴訟によらなければなりません。取消訴訟の提起は、処分があったのを知った日から６月以内です（４で説明した審査請求をした処分については、処分に対する裁決があって

から6月以内となります。)。その期間を超えると、処分の効力を争うことはできなくなります。ただし、明白重大な違法があって、無効な処分である場合には、元々無効なのですから、どのような訴訟でも無効を前提とした主張をすることができます。

　なお、その処分で受けた損害の賠償を求めるのは、処分の効力を否定することとは異なりますから、取消訴訟を提起しなくても、取消訴訟可能な期間を過ぎた後でも、可能とされています。

　訴訟は実際に争うだけの利益がないと提起することはできません。例えば、デモ行進について、進路を変更する処分が行われた場合、デモ行進の日を過ぎてしまえば、処分を取り消しても意味がないので、訴訟を提起することはできなくなります。

　取消訴訟を提起できる処分を書面でする場合には、国民が行政事件訴訟をより利用しやすく、分かりやすくするために、訴訟の被告とすべき者、訴え出ることのできる期間、審査請求を経た後でなければ訴えをできないときはその旨を、教示しなければならないことになっています。審査請求を経た後でなければ訴えをできないというのは、処分を受けたときに、まず4で説明した審査請求を行い、その結果を受けてからでないと取消訴訟を提起できないとするもので、「審査請求前置」と呼ばれます。税金に関するものや公務員が受けた不利益処分などの場合に限られています。

　このほか、行政事件訴訟法では、不作為の違法確認の訴え、義務付けの訴え、差し止めの訴えなどについても定めが置かれています。

あとがき

　私は、平成25年から京都産業大学で、多くの警察官希望の学生に警察行政法の講義をしてきました。ゼミの学生には特に警察官希望者が多く、令和5年4月には5人の元ゼミ生が警察官になり、令和6年採用の試験には元ゼミ生を含めて11人が合格しています。彼ら彼女らが、警察学校を卒業し、警察官として羽ばたいてくれることを心から願っています。

　この本は、私から、私の学生であった彼ら彼女らに贈るものとして書きました。読んでくれて「分かりやすいです、先生」と言ってもらえることを期待しています。

　私はそれほど遠くないうちに京都産業大学を退職します。でも、この本があれば、まだまだ多くの警察官になる若い方たちに、分かりやすく警察行政法を学ぶ機会を提供できると思っています。

　そして、読んだ皆さんの声に応えて、この本が成長していくことを願っています。私の10冊目に当たるおそらく最後の著書ですが、皆さんの様々な要望に対応して、新しい問と解答をこれからも書き続けていくつもりです。

　どんな本でも出版までは様々な苦労があります。ハイブリッド出版という私のアイデアを実現するとともに、分かりやすくするために苦労してチャートや表を作ってくれた東京法令出版の編集者にお礼を申し上げます。

　あわせて、今日まで、私の著作研究に協力支援をしていただいた多くの方々に、この場を借りて、お礼を申し上げます。ありがとうございました。

　令和5年9月

京都産業大学教授　田村　正博

著者紹介

田村 正博（たむら　まさひろ）

鳥取県米子市出身。昭和52年警察庁入庁。徳島県警察捜査二課長、京都府警察捜査二課長、内閣法制局第一部参事官補、警視庁公安総務課長、警察庁総務課企画官、秋田県警察本部長、警察庁運転免許課長、警察大学校警察政策研究センター所長、内閣参事官（内閣情報調査室国内部主幹）、警察大学校特別捜査幹部研修所長、福岡県警察本部長、早稲田大学客員教授等を経て、平成25年1月、警察大学校長を最後に退官。現在、京都産業大学法学部教授、社会安全・警察学研究所長。警察大学校講師。弁護士（虎門中央法律事務所）。公益財団法人犯罪被害救援基金専務理事。『全訂警察行政法解説（第三版）』、『警察官のための憲法講義（改訂版）』（以上、東京法令出版）、『現場警察官権限解説［上・下］（第三版）』（立花書房）など、警察権限の行使における考え方を分かりやすく解説した著書多数。

　本書の内容等について、ご意見・ご要望がございましたら、編集室までお寄せください。FAX・メールいずれでも受け付けております。

　〒380-8688　長野市南千歳町1005

　　　TEL 026（224）5412　　FAX 026（224）5439

　　　e-mail police-law@tokyo-horei.co.jp

なるほど！ わかる！ よみやすい！
田村正博の実務警察行政法

令和5年11月20日　初　版　発　行

著　　者　　田　村　正　博
発　行　者　　星　沢　卓　也
発　行　所　　東京法令出版株式会社

112-0002	東京都文京区小石川5丁目17番3号	03（5803）3304
534-0024	大阪市都島区東野田町1丁目17番12号	06（6355）5226
062-0902	札幌市豊平区豊平2条5丁目1番27号	011（822）8811
980-0012	仙台市青葉区錦町1丁目1番10号	022（216）5871
460-0003	名古屋市中区錦1丁目6番34号	052（218）5552
730-0005	広島市中区西白島町11番9号	082（212）0888
810-0011	福岡市中央区高砂2丁目13番22号	092（533）1588
380-8688	長野市南千歳町1005番地	

〔営業〕TEL 026（224）5411　FAX 026（224）5419
〔編集〕TEL 026（224）5412　FAX 026（224）5439
https://www.tokyo-horei.co.jp/

ISBN978-4-8090-1468-0